Christa M. Brennan
NUIG, Galway 2001

Herzlich willkommen

Deutsch für Fortgeschrittene in Hotel, Restaurant und Tourismus

Von Ulrike Cohen und Karl-Heinz Osterloh
unter Mitwirkung von Heiner Reichhart (hotelfachliche Beratung)

Arbeitsheft

GU00372373

L
LANGENSCHEIDT
BERLIN · MÜNCHEN · WIEN · ZÜRICH · NEW YORK

Umschlaggestaltung, Zeichnungen und Layout: Theo Scherling
Redaktion: Sabine Wenkums

Druck: 8. 7. 6. 5.   Letzte Zahlen
Jahr: 96 95   maßgeblich

© 1987 Langenscheidt KG, Berlin und München

Druck: Druckhaus Langenscheidt, Berlin
Printed in Germany · ISBN 3-468-49424-6

Inhaltsverzeichnis

Die Angaben L1, L2 usw. verweisen auf den entsprechenden Abschnitt im gleichen Kapitel des Lehrbuchs.

1 Herzlich willkommen

2 Ergänzen Sie:

1.o _____ Sie schon Ihren
Zimmerausweis? • Nein, noch nicht.

2.o Hier _____ unsere
Reisepässe. • Danke sehr.

3.o Ich _____ gern meinen
Zimmerschlüssel. • Hier bitte.

4.o Wie lange _____ Sie? • Vier Tage.

5.o _____ Sie Kinder? • Ja, eins. Es ist drei
Jahre alt.

3 Schreiben Sie sechs Dialoge:

Wie gefällt es Ihnen bei uns?

Nein, noch nicht.

Danke sehr.

Sehr gut.

Augenblick, ich helfe Ihnen.   Gut, danke.

Ich bin öfter hier.

Eine Woche.   Wie lange bleiben Sie?

Hier sind unsere Meldescheine.

Hier ist er. Zimmer 211.   Das ist nett von Ihnen.

Wie geht es Ihnen?

Haben Sie schon Ihren Zimmerschlüssel?

1. o _Wie gefällt es Ihnen bei uns?_ _____

   • _____

2. o _____

   • _____

3. o _____

   • _____

4. o _____

   • _____

5. ○ _____

   ● _____

6. ○ _____

   ● _____

   ○ _____

4   Wer ist das? Was ist das? Schreiben Sie: **L 3**

Herr Cassates (46), Frau Cassates (39), Maria (11), Mario (6), Eduardo (5)

1. _Das ist Herr Cassates. Das ist der Vater. Er ist 46 Jahre alt._
   _____

2. _____
   _____

3. _____
   _____

4. _____
   _____

5. _____
   _____

5 Ergänzen Sie: **L 2**

1. Ich habe einen Zimmerausweis. — Das ist _____ Zimmerausweis.

2. Er hat einen Füller. — Das ist _____ Füller.

3. Wir haben eine Tochter. — Das ist _____ Tochter.

4. Sie hat eine Tasche. — Das ist _____ Tasche.

5. Sie haben Zimmerschlüssel. — Das sind _____ Zimmerschlüssel.

6. Ich habe einen Brief. — Das ist _____ Brief.

7. Sie hat einen Bruder. — Das ist _____ Bruder.

8. Sie haben Gepäck. — Das ist _____ Gepäck.

6 Ergänzen Sie: -e -st -et ist sind -t -en   **L 4**

1. o Woher komm_____ Sie?

   ● Ich komm_____ aus der Schweiz.

   o Und wer _____ das?

   ● Das _____ meine Kinder. Sie heiß_____ Maria und Alex.

   o Und wo _____ Ihr Mann?

   ● Er komm_____ erst heute abend.

2. o Wo _____ denn eure Eltern?

   ● Sie komm_____ gleich. Sie _____ noch im Zimmer.

   o Möcht_____ ihr schon etwas trinken?

   ● Ja, bitte ein Glas Wasser.

   ●● Ich möcht_____ lieber Milch.

   o Wie heiß_____ ihr denn?

   ● Ich heiß_____ Maria Pandolfi.

   o Wie bitte?

   ● Mein Name _____ Maria Pandolfi.

   o Und wie heiß_____ du?

   ●● Ich heiß_____ Alex.

7 Was paßt zusammen?

	ich	du	Sie	Alex er	Maria sie	ihr	Alex und Maria sie	
1	X							heiße Alex.
2								sind im Restaurant.
3								nimmt Milch.
4								möchte ein Glas Wasser.
5								kommst aus der Schweiz.
6								müssen hier unterschreiben.
7								könnt die Wurstplatte nehmen.
8								hat eine Schwester.

8 Bilden Sie Sätze:

1. o Wie?/du/heißen   o _Wie heißt du?_____

   • Mein Name/sein/Kirsten Mertens   • _____ .

2. o Aus Deutschland/sein/ihr   o _____ ?

   • Aus der Schweiz/kommen/wir   • _Nein,_____ .

3. o Deutsch/Sie/nur/sprechen   o _____ ?

   • Englisch/wir/auch/können   • _____ .

4. o Spaghetti/du/nehmen   o _____ ?

   • Wurstplatte/ich/mögen   • _Nein, _____ lieber____ .

5. o Was?/Sie/trinken/mögen   o _____ ?

   • Milch/ich/gern haben   • _____ .

9 Schreiben Sie:

1.o Wo ist mein Koffer?
 ● Der ist hier.

2.o Haben Sie meinen Koffer gesehen?
 ● Ja, der ist hier.

1.o Wo ist _____ ?

 ● _____ .

2.o Hast du _____ ?

 ● _____ .

1.o Wo _____ ?

 ● _____ .

2.o _____ ?

 ● _____ .

1.o _____ ?

 ● _____ .

2.o _____ ?

 ● _____ .

1.o _____ ?

 ● _____ .

2.o _____ ?

 ● _____ .

10 Was paßt zusammen?

1. ich
2. du
3. Sie
4. er
5. sie
6. es
7. wir
8. ihr
9. Sie
10. sie

a) meine Zeitung
b) seine Eltern
c) Ihren Zimmerausweis
d) sein Vater
e) dein Kind
f) unsere Reservierung
g) ihre Theaterkarten
h) meine Zimmerschlüssel
i) deinen Kugelschreiber
j) seine Rechnung
k) Ihre Stadtpläne

l) ihre Rechnung
m) Ihr Mann
n) euer Koffer
o) mein Telegramm
p) seinen Füller
q) ihren Bruder
r) Ihren Brief
s) deine Tasche
t) unseren Reiseplan
u) seine Mutter
v) Ihre Tochter

1. *a, h, o*	2.	3.	4.	5.
6.	7.	8.	9.	10.

11 Bilden Sie Fragen:

	Verb	wem?	wer/was?	wem?
1. Gepäck/Maria	Gehört		*das Gepäck*	*Maria?*
2. Zimmer/Herr M.	Gefällt			
3. Portier/Frau P.	Hilft			
4. Wir/Gisela	Gratulieren			
5. Alfonso/wir	Hilft			
6. er/ihr	Dankt			
7. Museum/du	Gefällt			
8. Stadtplan/sie	Gehört			
9. Stadt/Herr und Frau S.	Gefällt			
10. Post/wir	Gehört			
11. Direktor/Sie	Dankt			

Schriftverkehr: Form und Bestandteile des Briefes

1 Brief eines Gastes

Ort, Datum

Absender	Günter Schwabe Hannover, den 7. Juli 19.. Limmerstr. 4 D-30451 Hannover
Anschrift	Hotel Bécquer Reyes Católicos, 4 Sevilla - 1 Spanien
Anredeformel	Sehr geehrte Damen und Herren,
Brieftext	wir möchten im Herbst dieses Jahres einige Tage in Sevilla verbringen und bitten Sie um Übersendung eines Prospektes von Ihrem Hotel mit Preisangaben.
Grußformel	Mit freundlichen Grüßen
Unterschrift	*Schwabe*

2 Antwortschreiben des Hotels

Hotel Residencia Bécquer

✉ Reyes Católicos, **4**

SEVILLA-1, den 20. Juli 19..

Anschrift

Herrn
Günter Schwabe
Limmerstr. 4
D-30451 Hannover

Anredeformel

Sehr geehrter Herr Schwabe,

Text

wir danken Ihnen für Ihre Anfrage vom 7.Juli 19..
und übersenden Ihnen in der Anlage unseren Prospekt mit unseren Preisen für den Herbst.

Grußformel

Unterschrift

Mit besten Empfehlungen

Hotel Residencia Bécquer

Anlage: 1 Prospekt

≢ Becquerotel

☎ **954**-22 89 00 *
954-22 21 72 (Reservas)

3 Wichtige Schreibmittel

---

1 Anschriften

Herrn = Anrede Günter = Vorname Schwabe = Nachname Limmerstr.4 = Straße/Hausnummer D - 30451 = Postleitzahl Hannover = Stadt	Herrn Günter Schwabe Frau Ingrid Fehr

Achtung: Herrn Günter Schwabe,   aber: Sehr geehrter Herr Schwabe!

---

2 Anredeformeln

a) formell:

Sehr geehrte Damen und Herren   (Name unbekannt)
Sehr geehrter Herr Mayer
Sehr geehrte Frau Wendt
Sehr geehrter Herr Dr. Müller⎫
Sehr geehrte Frau Prof. Wiese⎭ (mit Titel)

b) Sie kennen den Gast gut:

Lieber Herr Mayer
Liebe Frau Wendt
Lieber Herr Dr. Müller   (mit Titel)

---

3 Grußformeln

a) formell:	b) Sie kennen den Gast gut:
Hochachtungsvoll (sehr formell) Mit besten Empfehlungen Mit freundlichen Grüßen	Mit freundlichen Grüßen Mit besten Grüßen Mit herzlichen Grüßen

4 Was ist falsch? Korrigieren Sie die Anschriften!

5 Was paßt? Verbinden Sie!

a	Sehr geehrter Herr Roder
b	Lieber Herr Doktor Roth
c	Sehr geehrte Frau Schade
d	Liebe Frau Hecht

1	Mit herzlichen Grüßen
2	Mit besten Empfehlungen
3	Hochachtungsvoll
4	Mit freundlichen Grüßen
5	Mit besten Grüßen
6	Mit freundlichen Grüßen

6 Schreiben Sie Datum, Anschrift, Anredeformel und Grußformel:

den 4. August 19..

Herrn

Gisela Reitz

Dr. Werner Meyer

Sehr geehrte Frau Reitz,

D-37081 Göttingen

Amalienstr. 1

4. 2. 87

D-22607 Hamburg

Mit besten Empfehlungen

Frau

Lieber Herr Krause,

Sehr geehrter Herr Doktor Meyer

Casablanca, den 4. September 19..

Hochachtungsvoll

Klaus Krause

mit besten Grüßen

Bahnhofstr. 3

Alter Heinweg 9

D-80803 München

Hotel Residencia **Bécquer**

✉ Reyes Católicos, 4 ≢ Becquerotel ☎ **954** - 22 89 00 *
954 - 22 21 72 (Reservas)

SEVILLA-1 _____

_____

_____

_____

_____

_____

_____

R. M. Sevilla. T. 210, I, 70, S. 3°. F. 122, H. 5784

HR

Sofir

فندق الدار البيضاء
HOTEL CASABLANCA

_____

_____
_____
_____
_____

_____

HOTEL YASMINA

نــزل باحمينــة

Hammamet, le _____

_____ N. R.

_____ V. R.

_____
_____

_____

17

1 Was sagen Sie in folgenden Situationen?

Der Fahrstuhl ist dort.

Hatten Sie eine gute Reise?

Augenblick, ich mache Licht!

Ihr Zimmer ist im 1. Stock.

Sie haben Nummer 115.

Ist das Ihr Koffer?

Bitte sehr, hier entlang.

Es ist warm hier.

Hier ist die Klimaanlage.

Bitte kommen Sie mit zum Fahrstuhl.

Bitte nach Ihnen.

Wie heißen Sie?

Hier ist Ihr Paß.

Bitte geradeaus, dann rechts.

Wo ist mein Schlüssel?

Das ist Ihr Zimmer.

1.

2.

3.

4.

5.

6.

2 Beantworten Sie die Fragen des Gastes:

Können Sie mir sagen,
wie die Klimaanlage funktioniert?

_____

_____

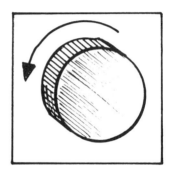

Wie funktioniert das Radio?

_____

_____

Sagen Sie, wie geht das Radio?

_____

_____

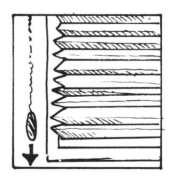

Können Sie mir sagen,
wie die Jalousie funktioniert?

_____

_____

3 Was schenke ich Gisela? L 2

Gisela? Jochen?
unseren Kindern?
meinen Kollegen?
meinen Eltern?

Pullover Radio
Tuch Teegläser
Flasche Wein

Gisela schenke ich
ein Tuch!

1. _____

2. _____

3. _____

4. _____

5. _____

4 Bitte ergänzen Sie: L 5

1. Ich möchte m_____ Frau ein Bild schenken.

2. Wie finden Sie I_____ Zimmer?

3. Bitte bringen Sie m_____ Wagen in die Garage.

4. Ist das e_____ Tasche?

5. Augenblick, wir holen I_____ Koffer sofort aus I_____ Zimmer.

6. Sind das s_____ Zigaretten?

7. Gefällt Ihnen I_____ Hotel?

8. Haben Sie m_____ Zimmerschlüssel?

9. Das hier ist m_____ Koffer.

10. Was schenken Sie I_____ Mann?

5 Bitte fragen Sie:

Die Tasche gehört *Herrn Bloss*.   – *Wem* gehört die Tasche?

Ich hole *den Schlüssel*.   – *Was* holen Sie?

Herr Specht möchte Sie sprechen.   – *Wer* möchte mich sprechen?

Ich suche *meine Tochter*.   – *Wen* suchen Sie?

1. *Frau Krause* wartet im Foyer.   – _____

2. Ich habe *Herrn Müller* angerufen.   – _____

3. Er bringt Ihnen *einen Stadtplan*.   – _____

4. Ich suche *meine Koffer*.   – _____

5. *Herr Klein* raucht nicht.   – _____

6. Das Buch gehört *Inge*.   – _____

7. Ich suche *Frau Peters*.   – _____

8. Ich empfehle Ihnen *diese Vase*.   – _____

9. *Der Herr* holt Ihre Koffer.   – _____

10. Ali hilft *dem Gast*.   – _____

11. Ich brauche *Zigaretten*.   – _____

12. *Familie Frey* kommt um 18 Uhr an.   – _____

6 Stellen Sie Fragen:

Gibt es hier einen Garten?

Haben Sie _____ *?*

7 Bitte geben Sie Auskunft:

Hotel National

⋈ ⋈ ⋈

Empfehlenswertes Hotel mit gepflegter Atmosphäre, nur durch die Uferstraße vom Sandstrand getrennt. Zum Zentrum von Rimini gehen Sie etwa 30 Minuten (Linienbusverbindung).
Modern eingerichtete Zimmer mit Dusche/WC, Telefon und Balkon.
Zu den weiteren Einrichtungen des Hauses zählen Aufenthaltsraum, TV, Lift, Empfangshalle mit mehreren Sitzgruppen, Aperitifbar, Garten, Terrasse und das Restaurant (internationale und italienische Küche).

Gesamtbettenanzahl: 122; ital. Einstufung: 2. Kategorie.
Verpflegungsmöglichkeiten: Halb- oder Vollpension.

● Kinder sparen mit Kinder-Sonderermäßigung

○ Welche Einrichtungen gibt es für den Gast?

● Wir haben _____

_____

_____

_____

_____

Hotel Madison

⋈ ⋈ ⋈ ⋈

Modernes Hotel in schöner, ruhiger Lage, nur ca. 3 Gehminuten vom Sandstrand und etwa 10 Minuten zu Fuß vom Zentrum entfernt.
Zimmer mit Dusche/WC und Balkon, teilweise mit Meerblick.
Swimmingpool (5×10 m) mit Sonnenterrasse. Kleiner gepflegter Garten. Stilvolle Aufenthaltsräume mit TV, Speisesaal, Taverne, Lift.
Gesamtbettenanzahl: 124; ital. Einstufung: 2. Kategorie.
Verpflegungsmöglichkeiten: Halb- oder Vollpension.

● Kinder sparen mit Kinder-Sonderermäßigungen bis zu 50 %
● Verstärktes Frühstück
● 2× wöchentlich Hausfest mit Weinausschank inklusive

○ Sagen Sie, bitte, welche Einrichtungen haben Sie für den Gast?

● Wir haben _____

_____

_____

_____

_____

8 Was paßt nicht?

Liegewiese - Sonnenschirm - Hallenbad - Strand - F̶a̶h̶r̶s̶t̶u̶h̶l̶

Tischtennisraum - Kinderspielplatz - Souvenirladen - Billardzimmer - Minigolfplatz

Tennisplatz - Aufenthaltsraum - Fernsehzimmer - Leseraum - Videoraum

Sauna - Hallenbad - Meerwasser -Swimmingpool - Nachtbar - Dusche

Balkon - Informationsbüro - Terrasse - Garten - Liegewiese

9 **Bitte ergänzen Sie:**

Herr Licht: Ich nehme _____ .

Manfred: Für mich _____ .

Frau Licht: Und für dich, Reinhard?

Reinhard: Ich _____ .

Und für Brigitte?

Frau Licht: Sie _____ .

Und wann frühstücken wir?

Herr Licht: _____ .

10 **Bitte ergänzen Sie:**

1. Kennen Sie m_____ noch?   5. Können Sie m_____ helfen?

2. Bringen Sie m_____ noch ein Bier,   6. Ich kenne i_____ nicht.
bitte.

3. Bitte holen Sie u_____ vom Bahnhof   7. Fragen Sie s_____ doch bitte selbst.
ab.

4. Ich kann S_____ leider nicht mit   8. Bitte zeigen Sie i_____ ihr Zimmer.
Herrn Bär verbinden.

11 **Was paßt zusammen?**

1	Wie geht die Heizung?	A	Schenken Sie ihr doch einen Wandteller.
2	Hatten Sie eine gute Reise?	B	Hier, bitte.
3	Kann ich Ihnen helfen?	C	Ja, gern.
4	Wo muß ich drücken?	D	Danke, es war anstrengend.
5	Ich möchte meiner Frau ein Geschenk mitbringen.	E	Ja, aber Ihr Name fällt mir nicht mehr ein.
6	Kennen Sie mich noch?	F	Nach rechts drehen, bitte.

1	2	3	4	5	6

Schriftverkehr: Anfragen zur Lage und Einrichtung des Hotels

1 Gästebriefe

a)

```
Dr. Karl Schneider                Hamburg, den 23. 5. ..
Voßstr. 13
D-22767 Hamburg


Hotel Yasmina
Hammamet

Tunesien




Sehr geehrte Damen und Herren,

wir möchten unsere Sommerferien vom 28. Juli bis
15. August in Hammamet verbringen und wünschen
ein schönes Doppelzimmer.
Senden Sie uns bitte einen Prospekt und teilen
Sie uns mit, wie weit das Hotel vom Strand ent-
fernt ist und wie lange man mit dem Bus nach
Tunis fährt. Außerdem möchten wir wissen, ob das
Hotel ein Restaurant und einen Swimming-pool be-
sitzt.


                    Mit freundlichen Grüßen
```

b)

Sehr geehrte Damen und Herren,

wir wollen unsere Herbstferien in Marbella verbrin-
gen und bitten um Übersendung eines Prospektes.
Ferner bitten wir um Mitteilung, ob das Hotel über
Möglichkeiten zum Tennisspielen und über einen
Spielplatz für Kinder verfügt.

Mit freundlichen Grüßen

Welche Wörter sind in den Briefen besonders wichtig?
Notieren Sie die "Schlüsselwörter".

a)   **b)**

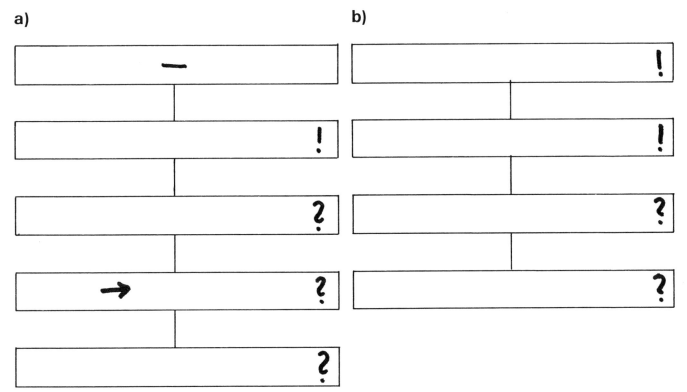

2 Antwortschreiben des Hotels

a)

HOTEL YASMINA

Hammamet, le 3. 6. ..

Herrn

Dr. Karl Schneider

Voßstr. 13

D-22767 Hamburg

Sehr geehrter Herr Dr. Schneider,

Bezugssatz wir danken Ihnen für Ihre Anfrage vom 23. 5. 19.. . Das
Hotel "Yasmina" liegt 100 Meter vom Strand entfernt.
Nach Tunis fährt man mit dem Bus ca. 90 Minuten. Wir
besitzen natürlich auch ein Restaurant und einen
Swimming-pool.

Schlußsatz Wir erwarten gern Ihre Reservierung und verbleiben

mit freundlichen Grüßen

Hotel Yasmina

Anlage: 1 Prospekt

SOCIETE HOTELIERE ET TOURISTIQUE HAMMAMET — TUNISIE
SIEGE SOCIAL : HAMMAMET R.C.N. 76 GROMBALIA COMPTE BANCAIRE : S. T. B. HAMMAMET No 290.145.207 TÉL. 80.222
TÉLEX 24836 YAMINA

b)

Anrede	Sehr geehrter Herr Kagel,
Bezugssatz	vielen Dank für Ihren Brief vom 24. 3. 19.. . Gern übersenden wir Ihnen in der Anlage unseren Prospekt. Unser Hotel verfügt über einen Tennisplatz. Einen Kinderspielplatz besitzen wir leider nicht.

3 Wichtige Schreibmittel

Zur Angabe der Lage des Hotels

Das Hotel	liegt .....
Das Hotel "El Fuerto"	befindet sich .....
Unser Hotel	ist .....

..... im Stadtzentrum.

in der Stadtmitte.

gegenüber dem Bahnhof.

in der Nähe des Zentralparks (Hafens, Flughafens).

am Ufer	des Ebro.
an der	Strandpromenade.
	Stadtmauer.

in der	Altstadt (Neustadt).
	Oststadt (Nord-,Süd-,Weststadt).

direkt am Meer/See/Wald.

neben der Kathedrale.

in einer ruhigen Gegend.

außerhalb der Stadt.

200 m	vom Strand	entfernt.
1 km	von der Stadt	
60 km	von Tunis	
10 Auto-minuten	den Bergen	

Nach Tunis	fährt man mit	dem Taxi Schiff Bus	ca. 90 Minuten.
Ins Zentrum		der Eisenbahn	

	Zur Angabe der Einrichtungen des Hotels
+	Wir besitzen / verfügen über / haben einen Garten / ein Restaurant. / ein Hallenbad. Unser Hotel / Das Hotel / Das Hotel Yasmina besitzt / verfügt über / hat
−	Wir besitzen leider keinen Garten, *aber* wir haben eine Sonnenterrasse. Wir besitzen eine Sonnenterrasse, *aber* wir haben leider keinen ...

4 Grammatik

→ Zimmer frei, Grammatik XIV

a) Der indirekte Fragesatz

Hauptsatz (direkter Fragesatz)

Wo   *liegt*   das Hotel?   mit Fragewort
Wann   *fährt*   der Bus *ab?*

     Liegt   das Hotel am Meer?   ohne Fragewort
     Fährt   der Bus *ab* ?

Hauptsatz   Nebensatz (indirekter Fragesatz)

Wir bitten um Mitteilung,   *wo*   das Hotel   *liegt.*
                        wann   der Bus   *abfährt.*
                        ob   das Hotel am Meer *liegt.*
                        ob   der Bus   *abfährt.*

b) Bestimmter Artikel: Genitiv

	Nominativ	Akkusativ	Dativ	Genitiv
m	der Gast	den Gast	dem Gast	*des* Gastes
f	die Dame	die Dame	der Dame	*der* Dame
n	das Hotel	das Hotel	dem Hotel	*des* Hotels

Der Brief *des* Hotels.
In der Nähe *des* Bahnhofs.
Am Ufer *des* Ebro.
Außerhalb *der* Stadt.

5 Bitte ergänzen Sie:

HOTEL EL FUERTE   Marbella (Malaga),
                                                        den 5. 6. 19..

Herrn

Dr. Karl Schneider

Voßstr. 13

D-22767 Hamburg

Sehr geehrter Herr Dr. Schneider,

wir danken Ihnen für Ihre Anfrage vom 23. 5. 19.. .

Unser Hotel _____

_____

Nach Malaga _____

_____

Wir besitzen _____ aber

_____ . Gern _____

_____ .

                            Mit freundlichen Grüßen

                            _____

                            Hotel El Fuerte

Hotel El Fuerte - Strand = 50 m

Hotel - Malaga = 15 Minuten Auto

Einrichtungen: Restaurant: ja, Schwimmbecken: nein

6   Beschreiben Sie die Hotels:

HOTEL MAJESTIC
Stadtzentrum
ruhige Gegend
Restaurant   +
Bar   +
Diskothek   -
Garage   +

Das "Hotel Majestic"

_____

_____

_____

_____

HOTEL CRUZ DEL MAR
direkt am Meer
Zentrum: 1 km
Schwimmbecken   -
Restaurant   +
Diskothek   +
Tennisplatz   -
Aufenthaltsraum +
Garage   -

Das "Hotel Cruz del Mar"

_____

_____

_____

_____

HOTEL NAUSIKA
Strand: 150 m
Bahnhof: 500 m
Snackbar   +
Fernsehzimmer   +
Leseraum   +
Diskothek   -
Restaurant   -
Aufzug   -

Das "Hotel Nausika"

_____

_____

_____

_____

7   Beantworten Sie bitte folgende Briefe:

Hotel Anthousa Beach
Direkte Strandlage und nur ca. 500 m
vom Ort Stalis entfernt. Nach Malia
sind es ca. 3 km. 2stöckiges Hotel
der Mittelklasse mit Lifts, großem Aufenthaltsraum, Nightclub, Taverne, Restaurant, Bar, Souvenirladen, Meer-
wasser-Swimmingpool und Sonnenterrasse mit Liegestühlen im Garten.
Die sportlichen Gäste können Tennis,
Billard und Tischtennis spielen.

Gästebriefe:

a)

Sehr geehrte Damen und Herren,
teilen Sie uns bitte mit, wie weit das Hotel von
Malia entfernt ist. Ferner möchten wir fragen, ob
Sie über einen Garten und einen Auf-
enthaltsraum verfügen.
Mit freundlichen
Grüßen
Volker Specht

b)

möchten wir wissen, wie weit das Hotel vom
Strand entfernt ist und ob Sie ein Fernseh-
zimmer und ein Schwimmbecken haben.
Hochachtungsvoll
Gisela Müller

c)

ob Sie einen Kinderspielplatz haben und über
einen Tennisplatz verfügen. Ferner möchte ich
wissen, wie weit es nach Malia ist.
Mit freundlichen Grüssen
Berta Schöne

33

1 Was paßt?

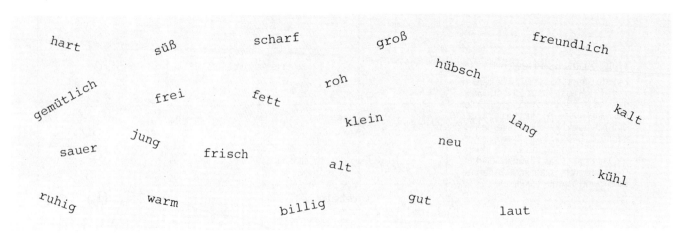

Zimmer: _____

Restaurant: _____

Strand: _____

Kuchen: _____

Fleisch: _____

Brot: _____

Suppe: _____

Café: _____

Wein: _____

Tourist: _____

Portier: _____

Arbeit: _____

Hotel: _____

Apfelsaft: _____

2 Was paßt nicht?

hübsch - schön - phantastisch - ~~laut~~

klein - kühl - groß - breit

teuer - bequem - gut - wunderschön

kühl - preiswert - kalt - warm

neu - modern - lang - alt

laut - schlecht - ruhig - leise

sauer - scharf - süß - hart

3 Bitte vergleichen und schreiben Sie: L 3

1	Hotel Astoria: 1 Zi., 50,- DM	Hotel Adria: 1 Zi., 60,- DM
2	Pension Eden: zentral	Apartmenthotel Zur Sonne: 5km zum Zentrum
3	Bus Nr. 5: 20 Min.,1,20 DM	Taxi: 4 Min., 8,50 DM
4	Zimmer 211: Seeseite	Zimmer 250: Straßenseite

1. Ein Zimmer im Hotel Astoria ist billiger als im Hotel Adria.

   Ein Zimmer im Hotel Astoria ist nicht so teuer wie im Hotel Adria.

2. _____

   _____

3. _____

   _____

4. _____

   _____

4 Ergänzen Sie: L 5

klein	kleiner	*am kleinsten*
_____	wärmer	_____
schön	_____	_____
_____	_____	am längsten
laut	_____	_____
_____	freundlicher	_____
_____	_____	am meisten
heiß	_____	_____
_____	lieber	_____
_____	_____	am ruhigsten
_____	besser	_____
_____	_____	am spätesten

5 Ergänzen Sie: L 10

1 Haben Sie roh___ Schinken?

2 Haben Sie türkisch___ Kaffee?

3 Haben Sie gebraten___ Leber?

4 Haben Sie italienisch___ Pizza?

5 Haben Sie geschmort___ Gemüse?

6 Haben Sie frisch___ Fisch?

7 Haben Sie kalt___ Milch?

8 Haben Sie gemischt___ Salat?

9 Haben Sie französisch___ Käse?

6 Was paßt nicht?   L 13

Leber - Huhn - Schnitzel - Steak - Broccoli

Sardinen - Scampis - Thunfisch - Maiskolben

Spiegelei - Käse - Omelette - Rühreier

Kroketten - Pommes frites - Kartoffeln - Nudeln

Milch - Bier - Tee - Limonade - Brötchen

Spargeln - Bohnen - Butter - Tomaten

7 Was paßt?   L 13

Peperoni: *scharf*

Vanilleeis: Nachspeise

Sardinen: gebraten

Meeresfrüchtespieß,
Hechtkroketten:
Fischgericht

Pommes frites: fett

Omelette: _____

Scholle: _____

Rumpsteak, Pommes frites: _____

_____

8 Schreiben Sie:

		Menü 1	Menü 2
Als	Vorspeise empfehle ich:	die Tomatensuppe	
	Hauptgericht	die Sardinen	
	Nachspeise		

9 Ergänzen Sie:

Fisch mit gedünstet____ Kartoffeln

Leber mit gekocht____ Reis

Frühstück mit frisch____ Brötchen

Eis mit heiß___ Schokoladensauce

Huhn mit gedünstet____ Gemüse

Lammkoteletts mit gemischt____ Salat

Käseplatte mit französisch____ Brot und Butter

Apfeltorte mit heiß____ Vanillesauce

Omelette mit gerieben____ Käse

10   Was paßt zusammen?

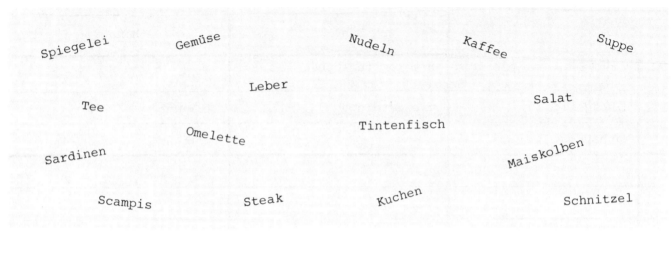

Spiegelei   Gemüse   Nudeln   Kaffee   Suppe   Leber   Tee   Salat   Omelette   Tintenfisch   Sardinen   Maiskolben   Scampis   Steak   Kuchen   Schnitzel

braten: *Leber, Spiegelei,*

grillen:

kochen:

machen:

backen:

dünsten:

11   Was paßt?

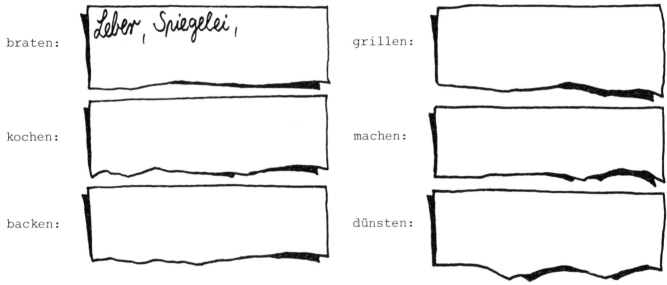

angenehm   ruhig   breit   bequem   hübsch   sonnig   groß   neu   schattig   schön   praktisch   klein

das Sofa: *hübsch*

die Klimaanlage:

die Aussicht:

das Doppelbett:

der Balkon:

das Radio:

12 Was paßt nicht?

Schrank - Stuhl - Bett - ~~Teppich~~

Heizung - Sofa - Klimaanlage - Fernseher - Radio

Vorhang - Bettlaken - Handtuch - Spiegel

Seife - Wasserhahn - Bidet - Dusche - Telefon

Sessel - Sofa - Stuhl - Bettdecke

13 Ergänzen Sie:

In dem Zimmer befindet sich | ein klein_____ Schreibtisch.

ein bequem_____ Sofa.

ein gemütlich_____ Sessel.

eine neu_____ Heizung.

eine modern_____ Klimaanlage.

ein individuell_____ Bad.

ein klein_____ Eisschrank.

Das Hotel hat | eine schön_____ Aussicht.

ein gemütlich_____ Restaurant.

einen groß_____ Fernsehraum.

ein modern_____ Schwimmbad.

eine hübsch_____ Diskothek.

eine klein_____ Bar.

einen sonnig_____ Balkon.

Schriftverkehr: Anfragen zur Lage und Ausstattung von Zimmern

1 Gästebriefe

a)

```
Gerda Specht

Bahnhofstr. 5

D-95326 Kulmbach


                                    Kulmbach, den 25. 1. 19..


Hotel Croce de Sud

I-47036 Riccione   (Adria)




Sehr geehrte Damen und Herren,

für die Zeit vom 7. 5. bis 23. 5. .. suchen wir ein
komfortables Doppelzimmer. Bitte übersenden Sie
uns Ihr Angebot.

                        Hochachtungsvoll
```

7. 5. - 23. 5.
Doppelzimmer
Angebot

b)

3. - 13. 7.

2 Einzelzimmer?

```
Sehr geehrte Damen und Herren,

wir möchten bei Ihnen anfragen, ob Sie für die
Zeit vom 3. bis 13. Juli noch zwei preiswerte
Einzelzimmer freihaben. Ferner bitten wir Sie,
uns
```

2 Antwortschreiben des Hotels

a)

Hotel Croce de Sud   47036 Riccione   (Adria)

Italia

Riccione, den 7. 2. 19..

Frau
Gerda Specht
Bahnhofstr.5

D-95326 Kulmbach

Sehr geehrte Frau Specht,

besten Dank für Ihre Anfrage vom 25. Januar 19.. .
Wir können Ihnen für die Zeit vom 7. 5. bis 23. 5. 19..
ein schönes Doppelzimmer mit Bad und WC in Südlage anbieten. Das Zimmer verfügt über eine individuelle Klimaanlage und einen hübschen kleinen Balkon.
Der Preis versteht sich mit Frühstück auf ... Lire
pro Tag.
Es besteht zur Zeit eine starke Nachfrage; wir bitten daher
um baldige Reservierung.

Mit freundlichen Empfehlungen

Hotel Croce de Sud

b)

Sehr geehrte Frau Günter,

für die Zeit vom 3. bis 13. 7. haben wir noch zwei
kleine Einzelzimmer mit Bad frei. Das erste Zimmer
befindet sich im ersten Stock und hat einen herr-
lichen Blick aufs Meer. Das zweite Zimmer liegt im
vierten Stock und schaut auf einen sehr schönen
Garten. Die Preise be

3 Wichtige Schreibmittel

Zur Angabe der Lage und Ausstattung von Zimmern

Wir	können	Ihnen	(noch)	ein schönes* Doppelzimmer	anbieten.

haben noch

eine schöne Suite	frei.
zwei schöne Einzelzimmer	

* komfortables, prachtvolles, herrliches, freundliches, hübsches, elegantes, großes, kleines, modernes, soeben renoviertes, preiswertes.

Das Zimmer | liegt

befindet sich

auf der | Südseite/Nordseite usw.

Gartenseite.

Seeseite.

Vorderseite.

Rückseite.

in schöner Südlage.

in der ersten Etage.

Das Zimmer | hat einen schönen Blick auf das Meer.

schaut auf einen großen Garten.

Das Zimmer hat | Klimaanlage.

Fernseher.

Radio.

Kühlschrank.

Heizung.

WC/Toilette.

Dusche.

Bad.

Terrasse (eine kleine/große Terrasse).

Balkon   (einen kleinen/großen Balkon).

Telefon.

Das Zimmer ist | ruhig.

sonnig.

schattig.

4 Bitte ergänzen Sie:

HOTEL EL FUERTE

Marbella (Malaga),
den 10. 2. 19..

Frau

Gerda Specht

Bahnhofstr. 5

D-95326 Kulmbach

Sehr geehrte Frau Specht,

besten Dank für Ihre Anfrage vom 10. 2. 19.. .

Wir können _____

_____

Das Zimmer _____

_____

Der Preis _____

_____

Es besteht _____

_____

_____

_____

Hotel Fuerte

Doppelzimmer, hübsch, Seeseite
Fernseher, Bad, Balkon (groß)
4800 pts. ohne Frühstück

5 Beschreiben Sie die Zimmer:

HOTEL MONETTI

herrliches Doppelzimmer
Gartenseite

schöne Aussicht
großer Balkon
Fernsehen

60.000 Lire mit
Frühstück

Wir können _____

_____

Das Zimmer _____

_____

Der Preis _____

_____

HOTEL AGADIR

hübsches Einzelzimmer
Nordseite

Blick auf schönen Garten
kleine Terrasse
Bad
Schreibtisch
Kühlschrank

150 DH

Wir können _____

_____

Das Zimmer _____

_____

Der Preis _____

_____

HOTEL NICE

ruhiges Einzelzimmer
erste Etage

Blick aufs Meer
Dusche/WC
Radio
Klimaanlage

180 FF

Wir können _____

_____

Das Zimmer _____

_____

Der Preis _____

_____

6 Auszug aus einem Prospekt des Hotels España:

Das Hotel España verfügt über eine einladende Cocktail-Bar, bietet eine schmackhafte Küche und ist mit seinem im 30. Stock gelegenen Restaurant das höchste Hotel der Stadt. Die Zimmer sind komfortabel eingerichtet und mit Telefon, Minibar, Radio, Klimaanlage, Balkon, Bad und WC versehen - alle mit Blick auf das Meer oder auf den Garten.

Zur Veranstaltung von Konferenzen und Tagungen stehen verschiedene Säle zur Verfügung.

Preise:
Doppelzimmer   5500 pts.
Einzelzimmer   4500 pts.

Bitte schreiben Sie:

Lage der Zimmer:
Ausstattung:

suchen wir für die Zeit vom 3.7. — bis 15.7. — ein schönes Doppelzimmer.
Bitte übersenden Sie uns Ihr Angebot.
Mit freundlichen Grüßen   Inge Balser

Bitte beantworten Sie die Anfrage für das Hotel España!

1 Hätten Sie Lust ...?

Empfangschef:

1. Hätten Sie Lust, eine Reise zu machen?

2. Ich empfehle Ihnen,

3.

4

5.

6.

7.

8.

9.

2 Bitte ergänzen Sie:

o   Sagen Sie bitte, was kann man hier alles unternehmen?

●   Hätten Sie Lust, _____?

o   Nicht schlecht. Und wann _____?

●   _____

o   Und wo?

●   _____

o   Und was kostet das?

●   _____

o   Gibt es noch andere Möglichkeiten?

3 Machen Sie Vorschläge:

Gast: Sagen Sie bitte, was kann man hier alles unternehmen?

Empfangschef: 1._____

2._____

3._____

4._____

5._____

6._____

7._____

8._____

9._____

10._____

4 Bilden Sie Sätze: L 2

1	in die Oper gehen.
2	ein Tanztournier statt.
3	ins Konzert gehen?
4	an einer Bootsfahrt teilzunehmen?
5	zu segeln.
6	Wasserball spielen.
7	einen Ausflug machen.
8	Ski fahren.
9	an einer Führung teilnehmen?
10	wandern?
11	eine Grillparty statt.
12	rudern.
13	ins Museum gehen.
14	ein Picknick statt.
15	rodeln?
16	an einem Unterhaltungsabend teilzunehmen.
17	tauchen?
18	Golf spielen?
19	zu śurfen?
20	ein Folkloreabend statt.

a	Sie können zum Beispiel
b	Hätten Sie Lust,
c	Wollen Sie
d	Ich empfehle Ihnen,
e	Morgen findet

5 Bitte schreiben Sie:

jeden	Montag	*montags*
	Dienstag	_____
	Mittwoch	_____
	Donnerstag	_____
	Freitag	_____
	Samstag	_____
	Sonntag	_____

6 Bitte ergänzen Sie:

a) *Gast:* Sagen Sie bitte, wohin geht der Ausflug am Freitag?

Empfangschef: _____

Gast: Und wie lange sind wir unterwegs?

Empfangschef: _____

Gast: ˜ Geht der Ausflug nur nach Tiznit, oder fahren wir auch woanders hin?

Empfangschef: _____

_____

Gast: Und was kostet das?

Empfangschef: _____

Gast: Ist das Mittagessen im Preis inbegriffen?

Empfangschef: _____

Gast: Und wo können wir uns anmelden?

Empfangschef: _____

b) *Gast:* Machen Sie auch Ausflüge nach Imouzzer?

Empfangschef: _____

Gast: Und wann finden die Ausflüge statt?

Empfangschef: _____

Gast: Wie lange dauert die Fahrt?

Empfangschef: _____

Gast: Und was kostet das?

Empfangschef: _____

Gast: Muß man das Mittagessen extra bezahlen?

Empfangschef: _____

Gast: Und wann fahren wir ab?

Empfangschef: _____

Gast: Besten Dank.

7 Was paßt nicht?   L12

täglich - wöchentlich - morgens - mittwochs - ~~nächste~~ Woche

veranstalten - besichtigen - reparieren - teilnehmen - stattfinden

Anmeldung - Buch - Telefon - Reservierung - Folkloreabend

Wanderung - Ausflug - Picknick - Stadtrundfahrt - Bootsfahrt - Abflug

8   Was sagt Herr Bertram?

> Ich suche ein Einzelzimmer.
>
> Dieses Zimmer ist zu klein.
>
> Ich nehme das Zimmer im ersten Stock.
>
> Ich bleibe drei Tage.
>
> Mein Gepäck ist im Auto.
>
> Es fehlen Handtücher.
>
> Das Licht brennt nicht.
>
> Ich möchte das Frühstück aufs Zimmer.

○ *Herr Bertram sagt, daß er ein Einzelzimmer sucht.*

○ *Er sagt, daß* _____

○ _____

○ _____

○ _____

○ _____

○ _____

○ _____

9   Was sagt der Empfangschef?

> Ich habe nur noch ein Doppelzimmer.
>
> Dieses Zimmer ist größer.
>
> Das Gepäck kommt extra.
>
> Das Restaurant ist im ersten Stock.
>
> Die Garage befindet sich hinter dem Hotel.
>
> Abendessen gibt es um 20 Uhr.
>
> Ihren Paß bekommen Sie gleich zurück.

4

Der Empfangschef sagt, daß er nur noch ein Doppelzimmer hat.

Er sagt, daß

---

10 Bitte ergänzen Sie: **L 15**

o Er kommt morgen an.

● Ich glaube nicht, daß _____

o Ich reise heute ab.

● Er sagt, daß _____

o Der Swimming-pool ist geschlossen.

● Hier steht, daß _____

o Das Konzert findet um 22 Uhr statt.

● Ich glaube nicht, daß _____

o Der Bus kommt später an.

● Er meint, daß _____

o Das Restaurant ist sehr teuer.

● Er sagt, daß _____

o Die Bar ist im ersten Stock.

● Hier steht, daß _____

Schriftverkehr: Anfragen zu touristischen Veranstaltungen

1 Gästebriefe (Auszüge)

a)

Sport-
möglichkeiten?

> Sehr geehrte Damen und Herren,
>
> wir werden im Sommer nach Griechenland kommen und
> möchten gern wissen, welche Sportmöglichkeiten es
> in Ihrem Hotel gibt. Außerdem

b)

Rahmen-
veranstaltungen?

> Teilen Sie uns außerdem bitte mit, ob es in Ihrem
> Hotel auch Rahmenveranstaltungen wie Unterhaltungs-
> abende und Gruppenausflüge gibt. In Erwartung Ihrer

c)

Partys?
Bunte Abende?

> bitten wir Sie um Mitteilung, ob Sie auch Partys
> und bunte Abende veranstalten.

2 Antwortschreiben des Hotels (Auszüge)

a)

> Sehr geehrter Herr Lehmann,
> gern beantworten wir Ihre Anfrage vom ... . In unserem
> Hotel finden Tischtenniskurse und Tanztourniere statt.
> Außerdem können Sie rudern, segeln und tauchen.

b)

> Sehr geehrte Frau Benz,
> auf Ihre Anfrage vom ... möchten wir Ihnen mitteilen,
> daß wir zweimal wöchentlich Unterhaltungsabende veranstalten.
> Außerdem können Sie an Ausflügen zu den bekannten Sehens-
> würdigkeiten und an Segelkursen teilnehmen.

c)

> Sehr geehrter Herr Reitz,
> auf Ihr Schreiben vom ... teilen wir Ihnen mit, daß wir
> leider keine Partys und keine bunten Abende veranstalten.
> Dafür können Sie bei uns aber an Ausflügen und Bootsfahrten
> teilnehmen. Außerdem finden Führungen und Picknicks statt.

3 Wichtige Schreibmittel

Zur Angabe von touristischen Veranstaltungen

Bei uns In unserem Hotel Im "Hotel Majestic"	können Sie	Tischtennis spielen. tauchen. an einem Surfkurs teilnehmen.
	finden	Bootsfahrten Ausflüge	statt.

Wir veranstalten Das "Hotel Majestic" veranstaltet	täglich einmal zweimal	wöchentlich	eine Grillparty. ein Picknick.

negativ:

Leider	veranstalten wir keine Bootsfahrten. finden bei uns keine Surfkurse statt. können Sie bei uns nicht wandern.
Dafür	können Sie aber ... veranstalten wir aber ...	,außerdem ...

Leider ... . Dafür ..., außerdem ...

4 Bitte ergänzen Sie:

HOTEL EL FUERTE   Marbella (Malaga),
                                       den 5. 6. 19..

Herrn
Karl Strobel
Bahnhofstr. 2
D-30159 Hannover

Sehr geehrter Herr Strobel,

wir danken Ihnen für Ihre Anfrage vom 6. 12. 19.. und möchten Ihnen mitteilen,

daß _____

_____. Außerdem

_____

_____.

Wir erwarten gern Ihre Reservierung und verbleiben

                        mit freundlichen Grüßen

                        _____

                        Hotel El Fuerte

Hotel El Fuerte: Surfkurse, Folkloreabende, Tanzturnier, Ausflüge

5   Geben Sie Auskunft über touristische Veranstaltungen:

Das "Hotel Majestic" _____
_____
_____
_____
_____
_____

HOTEL MAJESTIC

Führungen
Wanderungen
Tennisturniere
Museum

Das "Hotel Cruz del Mar" _____
_____
_____
_____
_____
_____

HOTEL CRUZ DEL MAR

Ausstellungen
Diskothek
rudern
segeln

Das "Hotel Nausika" _____
_____
_____
_____
_____
_____

HOTEL NAUSIKA

tauchen
Bootsfahrt
Grillpartys
Nachtlokal

6 Bitte beantworten Sie die Anfragen mit einem Brief:

HOTEL LOS MILANOS ●●● (★★★)
Playas de Son Bou

Ein echtes Badeparadies an der Südküste Menorcas! Es gibt keinen eigentlichen Ort, nur 2 Hotels sowie einige Appartement- und Bungalowanlagen, dafür aber gibt's einen weißen, feinsandigen Strand von etwa 3 km Länge. Linienbus-Verbindung nach Alayor (8 km), Ciudadela und Mahon (18 km). Transferdauer ca. 45 Min.

Sportlichen Naturen steht der Tennisplatz am Hotel Los Milanos zur Verfügung. Außerdem können Sie Segeln, Windsurfen, Bogenschießen und Volleyball oder Wasserball spielen.

Feinschmecker die einmal kein Hotelessen mögen, gehen ins Restaurant „Son Jaime".

möchten wir gern wissen, ob Ihr Hotel eine Diskothek besitzt und welche Sportmöglichkeiten es gibt.

Absender:

Klaus Möller
Schillerstr. 3
37083 Göttingen

Absender:

Volker Edelmann
Karl-Marx-Ring 4
81735 München

Hammamet

Direkt am feinen Sandstrand, in einer großen Gartenanlage, liegt ruhig dieses Bungalowhotel. Zum Zentrum ca. 3 km. Großer Swimmingpool mit Sonnenterrasse und Liegen. Zwei Restaurants, maurisches Café, Diskothek, Salon mit Bar, Bazar. Große Sauna mit Gymnastik- und Massageraum. Friseur. Ihr klimatisiertes Zimmer (insgesamt 200) mit Bad oder Dusche/WC, Terrasse, Telefon ist zweckmäßig eingerichtet. Windsurfing, Tennis, Minigolf, Tischtennis, Bowling. Folkloreabende und Tanzveranstaltungen im Hotel oder nebenan im Hotel Continental, dessen Einrichtungen mitbenutzt werden können.

1 Wo/Halbpension schon für 716.-

Halb- oder Vollpension

bitte ich Sie, mir mitzuteilen, ob man bei Ihnen Tennis spielen und Surfen kann. Viele D... Ih...

1 Bitte ergänzen Sie:

○ _____

● Hier ist Böhning, guten Tag.

○ _____

● Ich möchte gern einen Tisch reservieren.

○ _____ ?

● Für heute abend.

○ _____ ?

● Für 4 Personen.

○ _____ ?

● Für 21 Uhr.

○ _____

_____ ?

● Böhning.

○ _____

● Auf Wiedersehn!

○ _____

2 Bitte ergänzen Sie nach dem Plan:

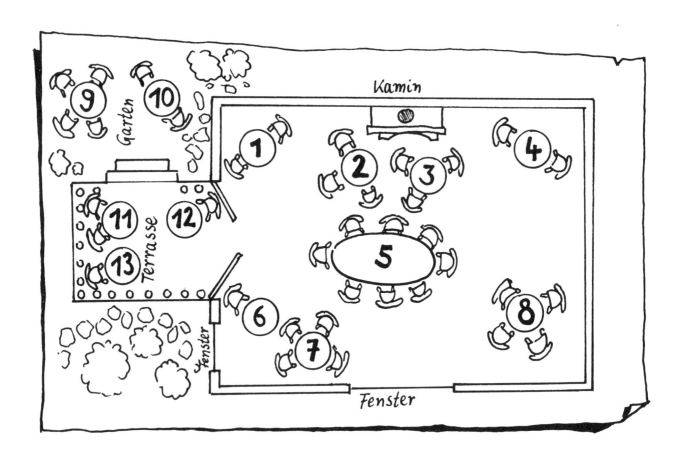

Wo stehen die Tische?

2. *Tisch 2 steht vor dem Kamin.*

1. _____

5. _____

9. _____

13. _____

Wohin möchten Sie sich setzen?

1. *Bitte, in die Ecke!*

5. _____

8. _____

12. _____

10. _____

3 Bitte ergänzen Sie:

Hier ist ein schöner Tisch in der Ecke.

4 Bitte antworten Sie:

	Wohin gehen Sie?	Wo waren Sie?
Bar	*In die Bar.*	*In der Bar.*
Hallenbad		
Ausstellung		
Museum		
Restaurant		
Diskothek		
Aufenthaltsraum		

5

5 Bitte ergänzen Sie: L 7

a) Setzen Sie _sich_ an den Tisch? –

Ja, warum nicht, ich setze _mich_ an den Tisch.

b) Setzt _____ Herr Vogel in die Ecke? –

Nein, _____ Fenster.

c) Setzen wir _____ vor den Kamin? –

Ja, da ist es gemütlich, wir _____.

d) Setzt du _____ neben mich? –

Ja gern, _____.

e) Setzt ihr _____ ans Fenster? –

Nein, dorthin nicht, wir _____ Kamin.

f) Setzen Klaus und Inge _____ ans Fenster? –

Ja, _____.

6 Bitte ergänzen Sie: L 8

Kellner: Nehmen Sie einen Aperitif vorweg?

Gast: Was können Sie mir empfehlen?

Kellner: _____

Gast: Hm! – Was haben Sie als Cocktail?

Kellner: _____

Gast: Woraus besteht _____ ?

Kellner: _____

Gast: Gut, dann nehme ich _____

Kellner: _____

7 Bitte schreiben Sie: **L 12**

a) Was kostet ein Doppelzimmer?

pts. 3456,-   *Dreitausendvierhundertsechsundfünfzig Peseten*

b) Wie teuer ist ein Einzelzimmer mit Bad?

pts. 2673,-   _____

c) Was kostet eine Suite?

pts. 4743,-   _____

d) Was kostet ein Zusatzbett?

pts. 871,-   _____

e) Wie teuer ist ein Zimmer mit Vollpension?

pts. 3894,-   _____

f) Was kostet ein Dreibettzimmer mit Frühstück?

pts. 5113,-   _____

8 Wer sagt was?   **L 13**

① *Gast:* _____

_____ (Leihwagen?)

Empfangschef: _____

_____ (Prospekt?)

Gast: _____

② *Gast:* _____ (Opel)

_____ (10.30 Uhr)

Empfangschef: _____ (Formular)

_____

Gast: _____

_____ (bringen/holen?)

Empfangschef: _____

③ *Gast:* _____ (Wagen abholen)

Empfangschef: _____ (vorgefahren!)

_____ (Öl wechseln)

_____

Gast: _____

9 Bitte ergänzen Sie nach der Preisliste: L14

a)   o Herr Baumann möchte einen BMW 735 mieten. Was kostet der Wagen pro Stunde?

   ● Der Wagen kostet _____ pro Stunde.

b)   o Sagen Sie, was kostet ein Audi 80 pro Tag?

   ● _____

   o Und ein Audi 100?

   ● _____

   o Gut, dann nehmen wir den Audi 100.

c)   o Ich möchte einen Wagen mieten. Er soll nicht mehr als 600 DM pro Woche kosten.

      Welche Modelle können Sie empfehlen?

   ● _____

_____

Was passiert im Restaurant?

Die Tische werden gedeckt. _____

_____

_____

_____

_____

_____

_____

11 Bitte ergänzen Sie:

Was macht der Empfangschef?

a) Er bestellt ein Taxi.

b) Er schreibt Rechnungen.

c) Er weckt einen Gast.

d) Er begleitet den Gast aufs Zimmer.

e) Er bringt das Gepäck nach oben.

f) Er reserviert Zimmer.

g) Er liest einen Brief.

h) Er sucht einen Zimmerschlüssel.

Was geschieht an der Rezeption?

Ein Taxi wird bestellt.

_____

_____

_____

_____

_____

_____

_____

12 Bilden Sie Sätze:

a	Der Wein
b	Das Essen
c	Der Kellner
d	Die Tische
e	Das Taxi
f	Der Gast
g	Das Gepäck
h	Das Zimmermädchen
i	Das Zimmer

1	macht das Zimmer.
2	wird nach oben gebracht.
3	serviert das Essen.
4	wird getrunken.
5	trinkt Wein.
6	wird gemacht.
7	wird serviert.
8	bringt das Gepäck nach oben.
9	wird bestellt.
10	bestellt ein Taxi.
11	werden gedeckt.

Schriftverkehr: Preisanfragen

1 Gästebriefe (Auszüge)

Preise:
Doppelzimmer
Einzelzimmer
Bad/WC,
Garage

> Sehr geehrte Damen und Herren,
>
> wir haben die Absicht, unsere Sommerferien vom 26. Juli
> bis 14. August 19.. wieder in Split zu verbringen, und
> möchten Sie daher bitten, uns Ihre Preise für 1 Doppel-
> und 1 Einzelzimmer mit Bad und WC mitzuteilen. Ferner
> würde uns der Preis für eine Garage (1PKW) interessieren.

Doppelzimmer
Frühstück,
Zusatzbett

> Auch in diesem Jahr planen wir, wieder nach Marokko
> zu fahren. Wir bitten Sie daher, uns die Preise für
> ein Doppelzimmer mit Frühstück und ein Kinder-Zusatz-
> bett mitzuteilen.

Einzelzimmer
Halbpension:
Herbst 19..

> Ich möchte Sie bitten, mir den Preis für ein Einzel-
> zimmer mit Halbpension für den Herbst 19.. mitzuteilen.

2 Antwortschreiben des Hotels (Auszüge)

> Sehr geehrter Herr Schlegel,
>
> wir danken Ihnen für Ihr Schreiben vom ... .
> Für die Zeit vom 26. Juli - 14. August können wir Ihnen
> folgende Zimmer anbieten:
>
> 1 Doppelzimmer mit WC/Bad   Din...
> 1 Einzelzimmer mit WC/Bad   Din...
>
> Der Preis für die Garage beträgt Din... pro Nacht.

b)

Ein Doppelzimmer kostet je nach Lage und Komfort DH .....
bis DH ..... . Für ein Kinder-Zusatzbett wird DH ..... pro
Nacht berechnet. Der Preis für ein Frühstück beträgt DH 25,-
pro Person. Bedienung ist im Preis inbegriffen.

c)

Ein Einzelzimmer mit Vollpension kostet je nach Lage
Lire ..... bis Lire ..... . Ab 1. September wird eine
Ermäßigung von 15% gewährt.

3 Wichtige Schreibmittel

Zur Angabe von Zimmerpreisen

Wir können Ihnen folgende Zimmer anbieten: ...

Für die Zeit vom ... bis ... können wir Ihnen
folgende Zimmer anbieten: DH .....

1 Doppelzimmer mit WC und Bad   DH .....

1 Einzelzimmer mit Halbpension kostet | je nach Komfort und Lage | DH .....

Der Preis für ein Einzelzimmer beträgt |

Der Preis für ein Frühstück beträgt DH ..... pro Person.
Für ein Zusatzbett wird DH ..... berechnet.
Ab 1. Sept. wird eine Ermäßigung von 15% gewährt.

4 Bitte ergänzen Sie:

HOTEL EL FUERTE

Marbella (Malaga),

den 5. 6. 19..

Herrn

Horst Bracht

Stennerstr. 5

D-58636 Iserlohn

Sehr geehrter Herr Bracht,

wir danken Ihnen für Ihre Anfrage vom 30. 5. .._____

_____

_____

_____

Wir erwarten gern Ihre Reservierung und verbleiben

_____

Hotel El Fuerte

Doppelzimmer + Bad + Halbpension: Pts 6200,-   - Pts 6800,- Zusatzbett: Pts 1250,-

5 Teilen Sie die Zimmerpreise mit:

a)

Einzelzimmer
Vollpension
Seeseite   Pts 6000,-
Landseite   Pts 5500,-

Der Preis _____

_____

b)

Doppelzimmer mit Frühstück
und Bad + WC   Pts 3500,-
ohne Bad + WC   Pts 3000,-

_____

_____

c)

Doppelzimmer   Pts 6100,-
Halbpension
Zusatzbett   Pts 900,-

_____

_____

6 Beantworten Sie bitte die Anfragen:

HOTEL RESIDENCIA
PLAYA DEL MURO

Preisliste

		5500	Pts
Einzelzimmer	Vollpension	4500	Pts
	Halbpension	3500	Pts
	Frühstück		
		8500	Pts
	Vollpension	6500	Pts
Doppelzimmer	Halbpension	4500	Pts
	Frühstück		
		1200	Pts
Zusatzbett			

Alle Zimmer haben WC und Bad.

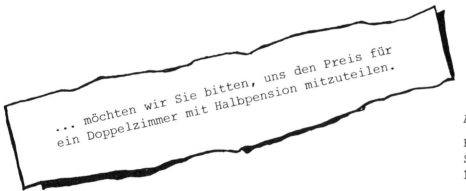

... möchten wir Sie bitten, uns den Preis für ein Doppelzimmer mit Halbpension mitzuteilen.

Absender:

Karl Schlegel
Seestr. 5
13353 Berlin

Teilen Sie uns bitte den Preis für ein Doppelzimmer mit Halbpension und Zusatzbett mit.

Absender:

Wolfgang Schacht
Werftstr. 5
20457 Hamburg

1 Was paßt zusammen? Bilden Sie Wörter!

1 Gemüse	8 Kartoffel
2 Zwiebel	9 Apfel
3 Fisch	10 Schinken
4 Tomaten	11 Käse
5 Eier	12 Salami
6 Hühner	13 Gurken
7 Gulasch	14 Leber

a Suppe	e Bouillon
b Salat	f Brot
c Pastete	g Torte
d Platte	h Saft

1 *Gemüsesalat, Gemüsesaft, Gemüsesuppe*

2 _____

3 _____

4 _____

5 _____

6 _____

7 _____

8 _____

9 _____

10 _____

11 _____

12 _____

13 _____

14 _____

2 Ordnen Sie zu:

Fisch	Schweinefleisch	Rindfleisch	Kalbfleisch
Forelle *Forellenfilets*			

3 Ergänzen Sie:

1. Ich nehme ein Schnitzel. ___*Es*___ schmeckt gut.

2. Die Pastete esse ich nicht. _____ ist nicht frisch.

3. Ich esse einen Fisch. _____ ist teuer, aber _____ ist sehr gut.

4. Das Bier trinke ich nicht. _____ ist zu warm.

5. Ich möchte wieder ein Omelett. _____ schmeckt vorzüglich.

6. Das Brot esse ich nicht. _____ ist alt.

7. Ich nehme eine Suppe. _____ ist billig und _____ schmeckt gut.

8. Ich hätte gern den Braten. _____ schmeckt phantastisch.

4 Was paßt zusammen?

1	Möchten Sie Nudeln oder Reis?	a	Den Schweinebraten.
2	Schmeckt es nicht?	b	Nein danke, das genügt.
3	Was nehmen Sie als Hauptgericht?	c	Wir haben heute frische Forellen.
4	Nehmen Sie eine Beilage?	d	Doch, das Fleisch ist phantastisch.
5	Ist das Lamm?	e	Nein, aber Gulaschsuppe.
6	Haben Sie Gemüsesuppe?	f	Nein, die ist zu scharf.
7	Was können Sie empfehlen?	g	Nein, Hammelfleisch.
8	Möchten Sie noch etwas Gemüse?	h	Reis, bitte.
9	Essen Sie gern Nudeln?	i	Ja bitte, Nudeln.
10	Hat Ihnen die Suppe nicht geschmeckt?	j	Nicht so gern, lieber Reis.

1	2	3	4	5	6	7	8	9	10
h									

6 Bitte eine Artischocke!

		a Glas	b Tasse	c Flasche	d Portion	e Teller	f ein, -e, einen	g Stück
1	Artischocke						-e	
2	Käseplatte							
3	Salat							
4	Spargel							
5	Wein							
6	Spaghetti							
7	Brot							
8	Orangensaft							
9	Erbsen							
10	Kuchen							
11	Suppe							
12	Tee							
13	Milch							
14	Cola							
15	Reis							
16	Steak							
17	Nudeln							
18	Bier							
19	Mineralwasser							
20	Kartoffeln							
21	Kaffee							

7 Ergänzen Sie:

Das ist / sind:

- gebraten_*es*_ Fleisch.
- gedünstet_____ Fisch.
- gekocht_____ Spargel.
- gekocht_____ Schinken.
- überbacken_____ Broccoli.
- paniert_____ Huhn.
- gemischt_____ Salat.
- gegrillt_____ Lamm.
- mariniert_____ Heringe.
- gedünstet_____ Kartoffeln.

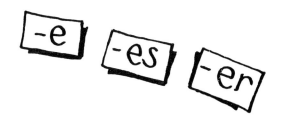

-e   -es   -er

8 Was paßt nicht?

Gemüse - ~~Salat~~ - Broccoli - Spinat

Teller - Ober - Gabel - Löffel

gegrillt - gedünstet - geschmort - gekocht

Ragout - Frikassee - Keule - Gulasch

paniert - mariniert - flambiert - geröstet

Rücken - Spieß - Schenkel - Brust

9 Was paßt?

Hühnerfrikassee: Geflügel

Pfirsich Melba: Nachtisch

Rehkeule: Wild

Grapefruit: Obst

Camembert: Käse

Pommes frites: Kartoffeln

Steak: gebraten

Pudding: süß

Tee: trinken

Rindergulasch: *Fleisch*

Weinbergschnecken:

Kabeljau:

Tomate:

Kuchen:

Spaghetti:

Gulasch:

Schinken:

Suppe:

10 Schreiben Sie fünf Dialoge:

Hat Ihnen das Omelett geschmeckt?

Wir möchten gern ein Doppelzimmer mit Bad reservieren.

Mögen Sie Fisch?

Was können Sie als Hauptgericht empfehlen?

Ja, bitte die Petersilienkartoffeln.

Für wann möchten Sie das Zimmer?

Nehmen Sie doch noch etwas Reis!

Ja, es war ausgezeichnet.

Ja, sehr.

Nehmen Sie eine Beilage?

Vom 12. bis 16. Januar.

Auf Wiederhören und gute Reise.

Ja, selbstverständlich. Ihr Name, bitte?

Ja, gern.

Danke, das genügt.

Oh ja, da haben wir noch etwas mit schönem Ausblick.

Gut, dann reservieren Sie es bitte. Ist es auch ruhig?

Kluge. Und auf Wiederhören.

Dann vielleicht die Forelle?

a) o _Nehmen Sie eine Beilage?_

 • _____

b) o _____

 • _____

 _____

 o _____

 • _____

 o _____

c) o _____

 • _____

d) o _____

 • _____

e) o _Ja, gern._

 • _____

 _____

 o _____

 • _____

 o _____

 _____

 • _____

 o _____

11 Was können Sie auch sagen?

1. Sie wünschen, bitte?

    ✗ Was darf es sein?
    b Wünschen Sie noch etwas?
    c Haben Sie noch einen Wunsch?

2. Möchten Sie noch etwas Gemüse?

    a Dürfen Sie noch etwas Gemüse nehmen?
    b Hätten Sie gern etwas mehr?
    c Möchten Sie Gemüse?

3. Was ist denn alles in dem Fischsalat?

    a Was sind denn die Zutaten?
    b Ist der Fischsalat schon zubereitet?
    c Haben Sie andere Zutaten?

4. Könnte ich noch etwas Braten bekommen?

    a Wo ist der Braten?
    b Woher bekommen Sie den Braten?
    c Hätten Sie noch etwas Braten?

5. Mein Gott, die Linie!

    a Das ist zu fett.
    b Nach dem Urlaub mache ich eine Diät.
    c Ich werde zu dick.

6. Hm, sieht das lecker aus!

    a Das schmeckt gut!
    b Hm, das finde ich lecker.
    c Das ist bestimmt lecker.

1. Haben Sie für den 15. Juli noch ein Einzelzimmer frei?

    a Geht in Ordnung, Herr Raabe.
    ✗ Ja, da haben wir noch etwas frei. Ihr Name, bitte?
    c Augenblick ... . Ja, da sind noch zwei Einzelzimmer.

2. Haben Sie vom 7. bis 15. August noch ein Doppelzimmer frei?

    a Nein, Ende August ist alles belegt.
    b Ja, aber erst ab 8. August.
    c Natürlich, auf welchen Namen bitte?

3. Ich möchte für den 13. September gern zwei Einzelzimmer reservieren.

    a Gut. Keine Ursache.
    b Kommen Sie zu zweit?
    c Tut mir leid, da ist alles belegt.

4. Haben Sie für den 3. Mai noch ein Doppelzimmer zur Seeseite frei?

    a Ja, aber nur zur Seeseite.
    b Ja, das geht leider nicht.
    c Augenblick ..., nein, wir haben nur noch etwas zur Gartenseite.

5. Wir möchten gern für den 12. Juni ein Doppelzimmer mit Bad reservieren.

    a Das Doppelzimmer ist für Sie reserviert.
    b Na ja, dann nehmen Sie zwei Einzelzimmer.
    c Oh, wir haben nur noch ein Doppelzimmer mit Dusche.

13   Silbenrätsel: Schreiben Sie die Wörter:

```
bra - but - chen - deln - eis - erb - es - feln - fer - flü - fo -
ge - ge - ge - gel - go - gon - kar - kä - kir - knob - kraut - ku -
la - lauch - le - lie - man - me - mi - möh - mü - nat - ne - nu - pe -
pfef - pflau - pu - re - rel - sa - salz - sauer - sche - schnit -
se - se - sen - si - spi - te - teig - ten - ter - ter - tof - tra -
tro - waren - würz - zel - zi
```

Schriftverkehr: Formbriefe zur Zimmerreservierung

1 Schriftliche Reservierung durch den Gast (Auszug)

Einzelzimmer
1. - 10. 7. 19..

> Sehr geehrte Damen und Herren,
>
> ich danke Ihnen für die Übersendung Ihres Prospektes und bitte Sie, mir vom 1. Juli bis 10. Juli 19.. ein schönes Einzelzimmer mit Klimaanlage und Balkon auf der Nordseite zu reservieren.
>
> Mit freundlichen Grüßen

2 Antwortschreiben des Hotels

a) Bestätigung (Formbrief 1)

> Sehr geehrter Herr Wolf,
>
> wir danken Ihnen für Ihr Schreiben vom ...
> und bestätigen Ihnen folgende Reservierung:
>
> 1 Einzelzimmer mit Bad, Balkon und
> Klimaanlage, Nordseite
>
> Anreise: 1. Juli 19..
> Abreise: 10. Juli 19..
>
> Zimmerpreis: Lire ... ohne Frühstück
> Bedienung ist im Preis inbegriffen.
>
> Wir freuen uns, Sie in unserem Hause begrüßen zu dürfen, und verbleiben
>
> mit freundlichen Empfehlungen
>
> Grand Hotel Lido

b) Absage und anderes Zeitangebot (Formbrief 2)

Sehr geehrter Herr Wolf,

zu unserem großen Bedauern müssen wir Ihnen mitteilen,
daß zu der angegebenen Zeit sämtliche Zimmer belegt
sind.
Wir können Ihnen jedoch für die Zeit vom 28. Juli bis
30. August noch Zimmer anbieten und bitten Sie gege-
benenfalls um schnelle Reservierung.
Wir hoffen auf Ihr Verständnis und würden uns freuen,
Sie bald in unserem Hause begrüßen zu können.

Mit verbindlichen Empfehlungen

Grand Hotel Lido

P. Casagrande

c) Absage und Kompromißvorschlag (Formbrief 3)

Sehr geehrter Herr Wolf,

leider müssen wir Ihnen mitteilen, daß die Zimmer auf
der Nordseite zu der angegebenen Zeit belegt sind. Wir
können Ihnen stattdessen ein Zimmer auf der Südseite anbieten und haben - Ihr Einverständnis vorausgesetzt -
folgende Reservierung vermerkt:

1 Einzelzimmer mit Bad, Balkon und

Klimaanlage, Südseite

Anreise: 1. Juli 19..

Abreise: 10. Juli 19..

Zimmerpreis: Lire ...   ohne Frühstück.

Bedienung ist im Preis inbegriffen.

Wir bitten noch um Bestätigung dieser Reservierung und
würden uns freuen, Sie in unserem Hause begrüßen zu dürfen.

Mit freundlichen Empfehlungen

Grand Hotel Lido

P. Casagrande

3 Wichtige Schreibmittel

Zur Formulierung von Kompromißvorschlägen

Leider müssen wir Ihnen mitteilen, ...

... daß | die Zimmer auf der | Südseite / Seeseite / Vorderseite | zu der angegebenen Zeit belegt sind.

kein Zimmer mit | Bad / Kühlschrank / Fernseher | zu der angegebenen Zeit mehr frei ist.

Wir können Ihnen stattdessen ein Zimmer | auf der | Nordseite / Gartenseite / Rückseite | anbieten.
mit Dusche
ohne Kühlschrank
mit Radio

und haben ...

4 Bitte formulieren Sie Kompromißvorschläge:

a)

Zimmer Seeseite belegt.
Kompromißvorschlag:
Gartenseite

Leider _____

_____

_____

Wir können _____

_____

b)

Kein Zimmer + Bad frei.
Stattdessen: Zimmer + Dusche

Leider _____

_____

_____

Wir können _____

_____

c)

| Sämtliche Zimmer zur angegebenen Zeit belegt. 14.6. bis 2.7. möglich. | Leider _____

_____

_____ |

Wir können _____

_____

5 Beantworten Sie Reservierungsschreiben an das Hotel Olympia, Saloniki:

1.

> ... möchten wir Sie bitten, uns für den 21. Juli 19..
> ein Doppelzimmer mit Bad zu reservieren.

Absender: Antwort des Hotels:
Friedhelm Kemp   Bestätigung
Kreuzweg 4

D-63456 Hanau

2.

> ... möchte ich fragen, ob Sie für uns ein Dreibettzimmer,
> Halbpension, auf der Seeseite für die Zeit vom 1. Juli
> bis zum 30. Juli 19.. reservieren können.

Absender: Antwort des Hotels:
Albert Wohl   Kompromißvorschlag:
Am Hang 2   Zimmer auf der Garten-
                                             seite
D-23558 Lübeck

3.

> ... bitte ich Sie um Reservierung eines Einzelzimmers
> mit Balkon vom 2. bis 7. August.

Absender: Antwort des Hotels:
Gisela Letter   Absage; neues Zeitan-
Braugasse 6   gebot vom 15.-20. August.

D-35037 Marburg

1 Füllen Sie aus:

prompt   hervorragend   sauber
   schlecht   schnell   hilfsbereit
freundlich   unfreundlich   gut
   mittelmäßig   schlecht eingerichtet
gut eingerichtet   langsam
            nicht sauber

a) Wie ist der Empfang?   *freundlich* _____

b) Wie ist das Frühstück?   _____

c) Wie ist das Restaurant?   _____

d) Wie ist die Küche?   _____

e) Wie ist die Bedienung?   _____

f) Wie ist das Zimmer?   _____

g) Wie ist der Strand?   _____

h) Wie ist der Empfangschef?   _____

i) Wie ist das Menü?   _____

j) Wie ist das Bett?   _____

k) Wie ist das Essen?   _____

2 Bitte reagieren Sie:

Gast: Sie:

Die Handtücher kamen erst um 12 Uhr!

Das Essen war nicht annehmbar!!

Die Wartezeiten waren zu lang!

Die Brötchen waren hart!

Nachts gab es Brummgeräusche!!

Der Abfall wurde nicht täglich beseitigt!

Die Shows fanden mindestens eine Stunde später statt!!

3 Bitte ergänzen Sie: **L 6**

> eintragen - fehlen - funktionieren - machen - stattfinden -
> überfüllt sein - abgeben - zur Verfügung stellen - haften -
> beseitigen

1. Beschwerden werden im Beschwerdebuch _*eingetragen*_ .

2. Das Beschwerdebuch wird den Gästen _____ .

3. Der Betrieb _____ nicht für Schmuckstücke im Zimmer.

4. Der Speisesaal _____ .

5. Im Foyer _____ Sessel.

6. Die Veranstaltungen _____ zu spät _____ .

7. Der Fragebogen wird an der Rezeption _____ .

8. Die Heizung _____ nicht.

9. Der Abfall wurde nicht _____ .

10. Die Betten _____ zu spät _____ .

4 Bitte ergänzen Sie im Präteritum: **L 9**

a) Nachts _____ (können) wir wegen des Lärms nicht schlafen.

b) In den Zimmern _____ (fehlen) oft die Handtücher.

c) Der Fernseher _____ (funktionieren) nicht.

d) Die Steckdosen _____ (sein) kaputt.

e) Die Heizung _____ (gehen) nicht.

f) Morgens _____ (werden) wir nicht pünktlich geweckt.

g) Die Zimmertür _____ (schließen) nicht richtig.

h) Den Wein _____ (können) man nicht trinken,

   weil er so sauer _____ (sein).

5 Ergänzen Sie bitte im Präteritum: **L 9**

Waltraud _____ (reservieren) ein Zimmer in Neapel.

Dann _____ (fahren) sie mit dem Auto bis Genua.

Dort _____ (nehmen) sie die Fähre. Sie _____ (haben)

eine Einzelkabine. In Neapel _____ (ankommen) sie morgens ____.

Es _____ (sein) sehr heiß. Sie _____ (machen) gleich

einen Spaziergang durch die Stadt. Mittags _____ (essen)

sie im Hotel. Am Nachmittag _____ (gehen) sie in mehrere Museen.

Abends _____ (sein) sie sehr müde. Sie _____ (schlafen) sehr gut.

6 Bitte ergänzen Sie: **L 10**

Kellner: _____?

Gast: Wir hätten gern einen Wein.

Kellner: _____?

Gast: Zum·Fisch_____.

Kellner: Ja, da _____.

Gast: Und zum Putenbraten _____.

Können Sie da etwas empfehlen?

Kellner: _____

_____.

Gast: Gut den nehmen wir.

Kellner: Gern. Vielen Dank.

7 Bitte verbinden Sie: **L 10**

pikant	Alkoholgehalt
leicht	Gaumen/Nase
kräftig	weibliche Tugend
lieblich	männliche Tugend
trocken	Alter
mild	
jung	
elegant	
reif	
feurig	
süß	
blumig	
alt	

8 Schreiben Sie einen Dialog: **L 15**

Kellner: *Gast:*

(Plätze
anbieten) _____   _____

_____   _____

_____   _____

_____   _____

(Speisekarte) _____   _____

(Aperitif) _____   _____

_____   _____

_____   _____

Kellner:	Gast:
(Vorspeise)	
(Hauptgericht)	
(Beilage)	
(Getränke)	
(zum Wohl)	

9 Wer sagt was? Bitte ordnen Sie zu!

Kellner:

_____

_____

_____

_____

_____

_____

_____

_____

Gast:

_____

_____

_____

_____

_____

_____

_____

_____

Die Rechnung bitte.   Waren Sie zufrieden?   Hier ist bitte die Speisekarte.

Woraus besteht denn ein Bronx?

Da kann ich Ihnen den Coronas empfehlen.

Würden Sie bitte probieren?   Was haben Sie als Cocktail?   Das ist für Sie.

Bitte sehr, zum Wohl!   Hat Ihnen das Essen geschmeckt?

Hier ist Ihre Jacke.

Danke, vorzüglich.   Hm, der ist gut.

Gut, den nehmen wir.

Nehmen Sie einen Aperitif vorweg?   Augenblick, bitte.

Schriftverkehr: Widerruf von Reservierungen

1 Gästebriefe

a) Widerruf

> Leider müssen wir Ihnen mitteilen, daß wir aus Krankheitsgründen am 21. Juli nicht nach Saloniki kommen können. Wir bitten Sie daher, unsere Zimmerreservierung zu stornieren.

b) Widerruf und neue Reservierung

> Zu meinem großen Bedauern kann ich wegen eines Unfalls in der Zeit vom 1. - 10. Juli 19.. nicht nach Saloniki kommen. Ich werde daher meine Reise verschieben und möchte Sie bitten, vom 1. bis 10. September 19.. ein Einzelzimmer mit Bad, Balkon, Klimaanlage, Südseite zu reservieren.

2 Antwortschreiben des Hotels

a) Reservierung storniert

> Sehr geehrter Herr Wolf,
>
> wir danken Ihnen für Ihr Schreiben vom 2. Juni 19.. und bedauern, daß Sie aus Krankheitsgründen nicht hierher kommen können. Die Reservierung eines Doppelzimmers machen wir rückgängig. Wir wünschen Ihnen baldige Genesung und hoffen, Sie bei anderer Gelegenheit bei uns begrüßen zu können.

b) Neue Reservierung – Bestätigung

> Sehr geehrte Frau Becker,
>
> vielen Dank für Ihren Brief vom 6. Juni 19... Wir bedauern, daß Sie zu der vorgesehenen Zeit nicht kommen können, und haben die Reservierung rückgängig gemacht. Stattdessen haben wir Ihnen wunschgemäß für die Zeit vom 1. - 10. September ein Einzelzimmer mit Bad, Balkon, Klimaanlage, Südseite reserviert.

c) Neue Reservierung – Absage

> Sehr geehrte Frau Becker,
>
> vielen Dank für Ihren Brief vom 6. Juni 19... Wir bedauern sehr, daß Sie zu der vorgesehenen Zeit nicht hierher kommen können. Leider sind wir in der Zeit vom 1. September bis zum 10. September ausgebucht, so daß wir Ihnen kein Zimmer reservieren können. Stattdessen können wir Ihnen ein Doppelzimmer für die Zeit nach dem 15. September anbieten und würden uns freuen, Sie in dieser Zeit in unserem Hotel begrüßen zu dürfen.

3 Wichtige Schreibmittel

Zum Widerrufen von Reservierungen

Die Reservierung eines Einzelzimmers	machen wir rückgängig.
	haben wir storniert.
	rückgängig gemacht.

Stattdessen haben wir Ihnen wunschgemäß für die Zeit vom
15. Juli bis 30. Juli ein Einzelzimmer reserviert.

Leider sind wir in der Zeit vom ... bis ... ausgebucht, so daß wir
Ihnen kein Zimmer reservieren können. Stattdessen können wir Ihnen ...

Leider ist für die Zeit vom ... bis ... kein Doppelzimmer mit Bad
mehr frei. Stattdessen können wir Ihnen ein Doppelzimmer ohne Bad
anbieten.

4 Bitte ergänzen Sie:

HOTEL EL FUERTE   Marbella (Malaga),
                                       den 12. 2. ..

Herrn
Dr. Karl Wölfflin
Breitestr. 8
D-30159 Hannover

Sehr geehrter Herr Dr. Wölfflin,

vielen Dank für Ihren Brief vom 3. 2. ... .

Wir bedauern sehr, _____

_____

_____. Leider sind

wir _____, so daß

wir _____.

Stattdessen können wir _____

_____ und

würden uns freuen, Sie in dieser Zeit in unserem Hause begrüßen zu

dürfen.

                              _____

                              _____

16. 5. – 26. 5. ausgebucht.
Stattdessen Einzelzimmer 1. 6. – 11. 6.

                              Hotel Fuerte

5 Machen Sie Reservierungsvorschläge:

a)

Neue Reservierung
6.8.–15.8. unmöglich.
Stattdessen Reservierung
20.8.–29.8. möglich.

Die Reservierung _____

_____

_____

Stattdessen _____

_____

b)

Reservierung storniert.
Neue Reservierung:
Doppelzimmer 15.6.–15.7.

Leider sind _____

_____

_____

Stattdessen _____

_____

6 Beantworten Sie die Gästebriefe:

a)

mitteilen, daß wir am 3. September wegen eines Unfalls nicht nach Riccione kommen können. Wir bitten Sie, unsere Reservierung zu stornieren.

Absender:
Fritz Kenna
Goethestr. 3
D-44534 Lünen

Antwort des Hotels:
Reservierung storniert

b)

nicht kommen können. Stattdessen möchten wir Sie bitten, vom 8. August bis 16. August 19.. ein Dreibettzimmer zu reservieren.

Absender:
Gisela Hahn
Heumarkt 9
D-63450 Hanau

Antwort des Hotels:
Bestätigung neue Reservierung

c)

möchten wir Sie bitten, stattdessen ein Doppelzimmer auf der Seeseite für die Zeit vom 28. Mai bis 6. Juni zu reservieren.

Absender:
Volker Krug
Bahnstr. 3
D-32423 Minden/Westfalen

Antwort des Hotels:
Absage, neuer Vorschlag:
Doppelzimmer Gartenseite

1 Was paßt zusammen?

1	Bei uns regnet es im Winter.	a	Das kann ich Ihnen nicht versprechen.
2	Es sollen 30 Grad werden.	b	Am frühen Nachmittag.
3	Das Licht ist sehr hell.	c	Da brauchen Sie feste Schuhe.
4	Die Exkursion endet am Meer.	d	Ja, sie haben Sturm angesagt.
5	Sollen wir einen Regenschirm einpacken?	e	Vergessen Sie nicht Ihre Badesachen.
6	Haben Sie die Wettervorher-sage gehört?	f	Das ist nicht nötig. Hier regnet es nur im Winter.
7	In den Bergen ist es kalt.	g	Das ist mir zu anstrengend, da bleibe ich lieber hier.
8	Wann kommen wir ans Meer?	h	Nehmen Sie eine Sonnenbrille mit.
9	Die Bergwanderung dauert 3 Stunden.	i	Nehmen Sie eine Jacke mit.
10	Sind wir zum Abendessen wieder hier?	j	Ziehen Sie kühle Kleidung an.

1	2	3	4	5	6	7	8	9	10

2 Bitte weisen Sie auf Sehenswürdigkeiten hin: **L 2**

Beispiel: Hier liegt die Universität.

Das Gebäude, das hier links liegt, ist die Universität.

3 Beschreiben Sie die Städte:

Rom ist eine Stadt, die viele Kirchen besitzt.

Rom:

viele Kirchen

alte Gebäude

schöne Parks

kein Hafen

große Plätze

Istanbul

Istanbul:

viele Moscheen

großer Basar

viele Schlösser

alte Holzhäuser

lange Stadtmauer

Barcelona

Barcelona:

viel Industrie

viele Bars

bekannte Oper

großer Hafen

alte Kathedrale

4 Texte vereinfachen

> Die ★**römische Brücke** (arabisch: *al qantara*) besteht aus sechs
> Bögen und ist 194 m lang; sie wurde unter Kaiser Trajan 106
> n. Chr. erbaut und zählt zu den eindrucksvollsten Zeugnissen
> römischer Bautechnik. 1214 von den Mauren zerstört, wurde die
> Brücke mehrmals restauriert, vor allem unter Karl V. im Jahr
> 1543. (Die letzte Restaurierung nach 1860 hat ihr allerdings nicht
> gutgetan). Sie ist die höchste aller römischen Brücken in Spanien
> und überspannt den Fluß in einer Höhe von 40 m über dem
> Wasserspiegel. In der Mitte erhebt sich ein 14 m hoher Triumph-
> bogen, der im 16. Jh. verändert wurde und die Wappen Öster-
> reichs und der Bourbonen sowie Inschriften der elf römischen
> Munizipalstädte in Lusitanien trägt, die an seiner Errichtung
> mitgewirkt haben. Beim Eingang befindet sich ein kleiner, guter-
> haltener römischer Tempel, 6 m hoch; im Inneren der Grabstein
> des römischen Erbauers der Brücke, Gaius Julius Lacer.
> Flußaufwärts von der Brücke erblickt man den Staudamm von
> Alcántara im Tajo.

Lesen Sie den Text mit dem
Wörterbuch. Streichen Sie
dann alle unwichtigen
Stellen durch. Schreiben
Sie anschließend einen
vereinfachten Text.

Dort drüben sehen Sie ...

5 Sagen Sie es anders:

a) Herr Hahn schreibt einen Brief. Er ist sehr eilig.

Herr Hahn schreibt einen Brief, der sehr eilig ist.

b) Das Hotel liegt am Strand. Es ist sehr teuer.

_____

c) Das Restaurant hat eine Terrasse. Sie ist viel zu klein.

_____

d) Er hat ein Zimmer reserviert. Es ist viel zu teuer.

_____

e) Hier gibt es einen Strand. Er ist immer leer.

_____

f) Mailand hat eine Oper. Sie ist sehr bekannt.

_____

g) Bei uns arbeitet ein Kellner. Er kommt aus Deutschland.

_____

h) Er brachte eine Suppe. Sie war sehr heiß.

_____

i) Ich kann Ihnen ein Restaurant empfehlen. Es befindet sich in der Stadt.

6   Bitte bilden Sie Sätze: L 10

1	Helfen sie,		a	Geld zu sparen.
2	Verschwenden Sie		b	für Ihren Brief.
3	Schalten Sie		c	das Licht aus.
4	Lassen Sie		d	die Fenster geschlossen.
5	Verbrauchen Sie		e	nicht zu viel Wasser.
6	Wir danken Ihnen		f	kein Wasser.
			g	für Ihre Bemühungen.
			h	keine Energie.
			i	Energie zu sparen.
			j	die Heizung aus.
			k	kein Licht brennen.

7   Ergänzen Sie bitte: L 12

Gefällt dir der weiße Teppich?   Ja, aber ich nehme lieber den roten.

1._____   _____

    _____   _____

            (Vase, grün?)   (gelb)

2._____   _____

    _____   _____

            (Zimmer, klein?)   groß)

3._____   _____

    _____   _____

            (Bluse, schwarz?)   (bunt)

4._____   _____

    _____   _____

            (Tontopf, gemustert?)   (braun)

5._____   _____

    _____   _____

            (Aschenbecher, hell?)   (dunkel)

6._____   _____

    _____   _____

            (Truhe, alt?)   (neu)

7._____   _____

    _____   _____

            (Tuch, gestreift?)   (geblümt)

8   Bitte antworten Sie: **L 14**

gekochter Schinken   kalter Braten
grüner Salat   belegtes Brot
paniertes Huhn   gegrillte Leber
gefüllte Paprika   gedünstetes Fischfilet

o Was darf es sein?

- *Ich nehme den gekochten Schinken.*

- *Ich hätte gern den*

- *Ich möchte*

-

-

-

-

-

9   Bitte rechnen Sie nach der Tabelle im Lehrbuch um: **L 16**

1. ● Wieviel bekomme ich für DM 20,- in Drachmen?

   o *Sie bekommen dafür eintausendeinhundertsechsundsiebzig Drachmen und vierzig Lepta.*

2. ● Wieviel bekomme ich für DM 200,- in Lire?

   o

3. ● Wieviel bekomme ich für DM 100,- in Peseten?

   ○ _____

   _____

4. ● Wieviel bekomme ich für DM 600,- in Franken (FF)?

   ○ _____

   _____

5. ● Wieviel bekomme ich für DM 750,- in _____

   _____ (Ihre Landeswährung)?

   ○ _____

   _____

10   Bitte schreiben Sie die Preise Ihres Hotels in die Lücken: L 16

Ein Zimmer kostet _____. Das sind _____ DM.

Ein Extrabett kostet _____. Das sind _____ DM.

Ein Menü kostet _____. Das sind _____ DM.

Ein Wasserball kostet _____. Das sind _____ DM.

Ein Bikini kostet _____. Das sind _____ DM.

Eine Busreise nach _____ kostet _____. Das sind _____ DM.

Eine Luftmatratze kostet _____. Das sind _____ DM.

Eine Theaterkarte kostet _____. Das sind _____ DM.

Eine Stadtrundfahrt kostet _____. Das sind _____ DM.

11 Bitte erklären Sie:

Das ist für das Frühstück.

Das ist für Speisen.

Das sind Extras.

Das ist für das Zimmer.

Das ist für die Wäsche.

Das ist für Telefon.

Das ist für Getränke.

Das ist für die Garage.

Das ist für das Zusatzbett.

Das sind verschiedene Dinge.

VIENE DE LA FRA. N.°	
🛏	Habitación Chambre Room
SHAB	Suplemento habitación Supplement chambre Sup. Room
☕	Desayuno Petit dejeuner Breakfast
EXTRA	Extras desayuno
BAR	Bar
🍽	Extras Cafeteria
☎	Teléfono Telephon Telephon
🧺	Lencería Blanchissage Laundry
VARIO	Varios Divers Miscellaneous
🚗	Garaje Garage

● Wofür ist dieser Betrag hier?

○ _____

○ _____

○ _____

○ _____

○ _____

○ _____

○ _____

○ _____

○ _____

○ _____

Schriftverkehr: Anfragen nach Fundsachen beantworten / Vermischte Aufgaben

A Fundsachen

1 Brief eines Gastes

Klaus Hering   den 25. 11. 19..
Bahnhofstr.1
D-45259 Essen

Albergo Vesuvio
Via Partenope, 45
I-80121 Napoli

Sehr geehrte Damen und Herren,

bei meinem Aufenthalt in Ihrem Hotel in der
Nacht vom 21. zum 22. November habe ich leider einen Schirm liegengelassen. Ich hoffe
sehr, daß der Schirm inzwischen gefunden wurde, und möchte Sie bitten, ihn umgehend an meine oben genannte Adresse zu übersenden.

                 Mit freundlichen Grüßen

(Randnotiz links:) 21./22.11. Schirm liegengelassen

2 Antwortschreiben des Hotels (Formbriefe)

a) Gegenstand gefunden

Sehr geehrter Herr Hering,

es freut uns, Ihnen mitteilen zu können, daß Ihr Schirm gefunden wurde. Wir haben ihn heute per Post an Ihre Adresse abgeschickt.

b) Bitte um Beschreibung

Sehr geehrter Herr Hering,

wir danken Ihnen für Ihr Schreiben vom 25. 11. ... . Leider wurden in letzter Zeit bei uns mehrere Schirme liegengelassen, so daß wir nicht wissen, ob sich Ihr Schirm darunter befindet. Wir möchten Sie daher um eine kurze Beschreibung des Schirmes bitten.

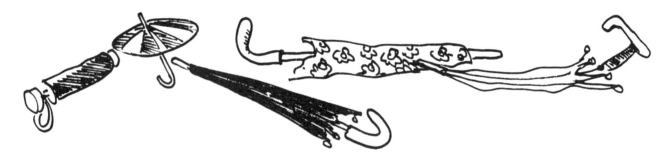

c) Gegenstand nicht gefunden

Sehr geehrter Herr Hering,

vielen Dank für Ihr Schreiben vom 25. 11. ... .
Wir haben das von Ihnen bewohnte Zimmer sofort gründlich durchsucht, leider aber den vermißten Schirm nicht gefunden. Auch Nachfragen beim Personal waren ohne Ergebnis. Unter diesen Umständen können wir Ihnen nur unser Bedauern aussprechen und hoffen, daß sich der Schirm noch anderswo anfindet.

3 Bitte beantworten Sie die Schreiben mit Hilfe der Formbriefe:

a)

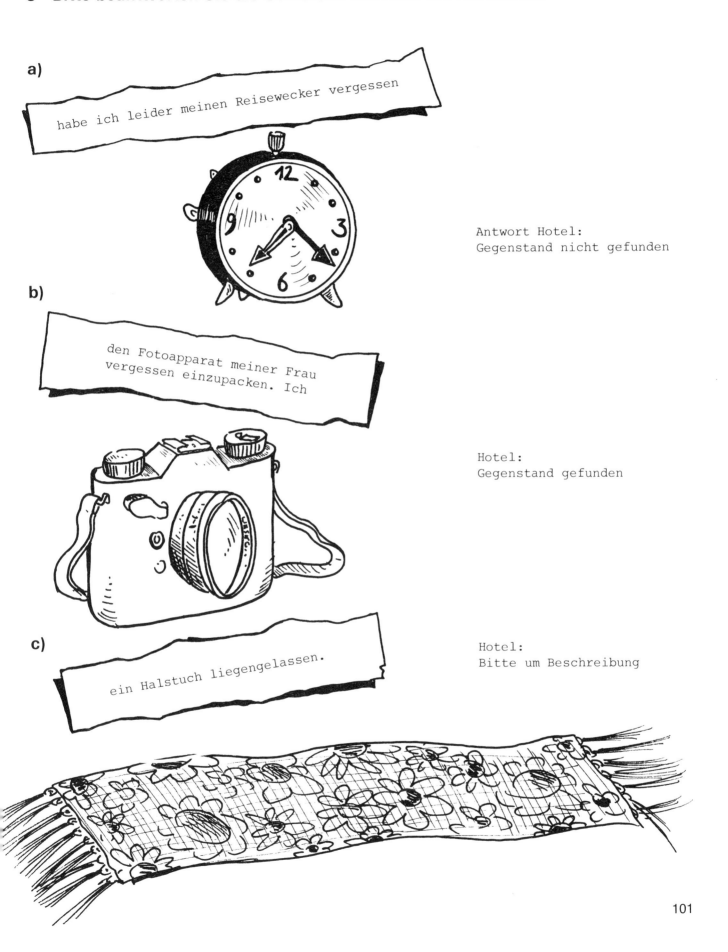

habe ich leider meinen Reisewecker vergessen

Antwort Hotel:
Gegenstand nicht gefunden

b)

den Fotoapparat meiner Frau
vergessen einzupacken. Ich

Hotel:
Gegenstand gefunden

c)

ein Halstuch liegengelassen.

Hotel:
Bitte um Beschreibung

B Vermischte Aufgaben

a)

möchten wir Sie um folgende Auskünfte bitten: Was kostet ein Doppelzimmer mit Bad, wie ist das Zimmer eingerichtet? Ferner möchten wir gern wissen, wie weit Ihr Hotel vom Strand und vom Stadtzentrum entfernt ist.

Absender:
Volker Griesbach
Schillerplatz 10
D-96047 Bamberg

Absender:
Thomas Meinheit
Schützenstr. 11
D-34125 Kassel

b)

uns mitzuteilen, was ein Doppelzimmer mit Vollpension kostet und welches Rahmenprogramm im Hotel stattfindet.

c)

würde uns sehr interessieren, wie Ihre Zimmer eingerichtet sind und über welche Sportmöglichkeiten das Hotel verfügt.

Absender:
Bernd Schmale
Brahmsweg 14
D-22848 Norderstedt

d)

haben wir folgende Fragen: Wie teuer ist ein Doppelzimmer mit Halbpension? Wie sind die Zimmer ausgestattet? Gibt es im Hotel eine Disko und ein Restaurant? Wie weit ist das Hotel vom Strand entfernt?

Absender:
Karin Scheicht
Augasse 1
D-63741 Aschaffenburg

Aufgabe:

Bitte beantworten Sie die Briefe für ein Hotel, das Sie kennen.

BAUSTEINE DEUTSCH

Ein Programm zur Erweiterung der Ausdrucksfähigkeit im Deutschen

von Gernot Häublein, Gudrun Häusler und Theo Scherling

- Die Zielgruppe des Programms sind Erwachsene und Jugendliche, die ihre Ausdrucksfähigkeit weiterentwickeln wollen. Es eignet sich daher besonders für Kurse an Volkshochschulen und anderen Einrichtungen der Erwachsenenbildung sowie für den Zweiten Bildungsweg (Abendschulen) und berufliche Schulen.

- Jeder Baustein des Programms entspricht einem bestimmten Bereich sprachlicher Kenntnisse, Fertigkeiten und Fähigkeiten und zugleich einem Lernbedürfnis, das durch Teilnehmerumfragen in zahlreichen Deutschkursen der Autoren ermittelt wurde.

- **Baustein 1 „Grammatik · Zeichensetzung: Schwerpunkte"** behandelt sehr häufig auftretende Probleme der Grammatik und Zeichensetzung und eignet sich sowohl als Unterrichtsmaterial für einen Kurs wie auch als „Eingreifmaterial" für die Auffrischung und Wiederholung einzelner Sachbereiche. Jedes der 19 Teilthemen kann unabhängig von den anderen bearbeitet werden.

  Lehr- und Arbeitsbuch 103 Seiten, 21 x 28 cm, kartoniert-laminiert, Best.-Nr. 49821

  Lehrerhandreichungen Best.-Nr. 49822

- **Baustein 2 „Telefonieren · Schriftliche Mitteilungen".** Telefonieren und schriftliche Mitteilungen sind zentrale Kommunikationsformen im Beruf und im privaten und öffentlichen Leben in all den Fällen, wo ein persönliches Gespräch nicht möglich oder ungeeignet ist.
  Dieser Baustein vermittelt sprachliche Sicherheit und Flexibilität beim Telefonieren und Schreiben sowie besonders die Fähigkeit, sich auf die Situation und den Partner einzustellen.

  Lehr- und Arbeitsbuch 79 Seiten, 21 x 28 cm, kartoniert-laminiert, Best.-Nr. 49823

  Cassette mit Hör- und Sprechübungen Best.-Nr. 84422

  Lehrerhandreichungen Best.-Nr. 49824

- **Baustein 3 „Stellensuche · Bewerbung · Kündigung".** Die Thematik betrifft wichtige Vorgänge im Leben jedes Arbeitnehmers. Anrufe, Briefe, Gespräche, Verträge, Anzeigen, Gesetzes- und Vertragstexte stehen im Mittelpunkt dieses Bausteins.

  Lehr- und Arbeitsbuch 95 Seiten, 21 x 28 cm, kartoniert-laminiert, Best.-Nr. 49825

  Cassette mit Hör- und Sprechübungen Best.-Nr. 84423

  Lehrerhandreichungen Best.-Nr. 49826

- **Baustein 4 „Gespräch · Besprechung · Diskussion".** Diese drei Kommunikationsformen dienen der Entscheidungsfindung im Beruf, im privaten und öffentlichen Leben. Gesprächsvorbereitung, Einstellung auf den Partner, Argumentieren und Gesprächsregeln sind die wichtigsten Lernziele dieses Bausteins.

  Lehr- und Arbeitsbuch 79 Seiten, 21 x 28 cm, kartoniert-laminiert, Best.-Nr. 49827

  Cassette mit Hör- und Sprechübungen Best.-Nr. 84424

Kempowski
Herzlich willkommen

Roman

Albrecht Knaus

352 Seiten. Gebunden.

«Der Autobiograph Walter kehrt nach acht-
jähriger Haft in Bautzen 1956 in seine zweite
Heimatstadt Hamburg zurück. Der ‹Spätest-
heimkehrer› erlebt die Anfänge des Wirt-
schaftswunders, das Mitleid der bereits
wieder Etablierten, die Pedanterie der Behör-
den ... Der Gang durch die Verwandtschaft,
der bei der Mutter beginnt, wird ebenso akri-
bisch – mit dem allgegenwärtigen Notizbuch
– geschildert, wie der Urlaub im Harz, die
Einladung in die Schweiz, die Arbeit als
Erzieher auf der Burg Hatzfeld und das Stu-
dentenleben in Göttingen. Mit der Rückkehr
des Bruders Robert, ebenfalls aus der Haft in
der ‹Ostzone›, wächst die Familie wieder
zusammen, und Kempowski schließt mit die-
sem Roman nun endgültig seine ‹Deutsche
Chronik› ab. ... Dieses Buch erfüllt die vom
Autor beabsichtigte aufklärungsförderliche
Funktion gerade für jüngere Jahrgänge: Die
heute festzustellende ... Mentalität vieler
Bürger und die Auflehnung, das Unbehagen,
die Rebellion, aber auch die Resignation der
aktuellen ‹Alternativen› sind ... nur versteh-
bar, wenn man die Anfänge dazu wieder-
erkennt oder sie neu versteht.»
Deutsches Ärzteblatt

«Unverwechselbar bleibt Kempowskis Ironie
– und sein Humor, der ihn nie verläßt.»
Berliner Morgen

«Es versteht sich von selbst – wir brauchen da
nur unsere eigenen Erinnerungen heraufzu-
holen –, daß Kempowskis Heimkehrer-
Deutschland skurrile Typen sonder Zahl bietet, Aus- und Aufsteiger, Frauen, die man
plötzlich selbst zu kennen meint. Gar nicht
von selbst versteht sich, mit welcher Akribie
der Autor das Mutter-Sohn-Verhältnis wei-
terführt und schließlich mit der zauberhaften
Liebesbeziehung zu seiner Orgelspielerin
Christa schließt. ... Wünschte man, auf dem
Gebiet der Belletristik dem Ausland ein ande-
res, richtigeres Deutschlandbild zu vermit-
teln, die Kempowski-Chronik wäre hierfür
ideal geeignet.»
Ilse Leitenberger, Die Presse, Wien

«Ein von Seite zu Seite wachsendes Leseer-
gnügen an soviel poetischer Prägnanz.»
Stuttgarter Nachrichten, Robert Haerdter

*Albrecht Knaus
Verlag
München
und Hamburg*